河北科技师范学院博士研究启动基金资助项目

语篇参与者的语言标识

LINGUISTIC MEANS OF PARTICIPANT IDENTIFICATION IN DISCOURSE

张喜荣/著

中国传媒大学出版社

目　录

第七章 / 结论　　　　227

第一章/引言

1.1　研究对象

　　人类语言的一个共性是：使用词汇语法手段对引入语篇的经验实体——参与者（participant）进行指称，这一现象就是参与者标识（participant identification）。每种语言都存在一套词汇语法手段，用于标识对引入语篇的参与者的提及，本文称之为参与者标识手段（linguistic means of participant identification）。由于语篇中的参与者会被再次或多次提及，落实参与者首次、再次或多次提及的标识手段表达式便构成了链状指称链，本文称之为参与者标识链（participant identification chains）。本文以参与者标识手段为研究对象，进行英汉参与者标识手段的静态和动态对比研究，以发现参与者标识这一人类语言共有现象反映在英汉语言表达手段上的共性和个性。研究内容涉及参与者、参与者标识、参与者标识链、参与者标识手段四个层面。

1.2 研究意义

以下几方面的考虑凸显了本研究的必要性和意义：

第一，语篇视角下的参与者尚未引起足够的关注。及物性是系统功能语法中的一个重要语义系统，及物性系统通过不同过程类型反映现实世界中的经验概念。过程所涉及的参与者同过程、环境成分一样，都是意识言语化过程（亦即语篇生成过程）中不可或缺的组成部分。随着过程在语篇中的推进，参与者必然被再次或多次提及，需要借助词汇语法手段来标识再次或多次提及的参与者，由此构成了具有同指性的参与者标识链。参与者标识链是参与者在语篇中动态发展的产物，既涉及词汇语法层面的体现形式，又涉及语篇预设信息的回找和语篇成分之间的照应，从这个角度来讲，参与者是语篇层面不可回避的研究内容，对参与者的研究也应放在语篇层面上进行。然而，目前针对参与者的研究成果较少，参与者往往作为过程类型的附带品出现在及物性理论的评介性或运用性研究成果中。语篇视角下的参与者还未引起人们足够的关注。

Michael McCarthy & Ronald Carter指出，"基于语篇的语言观不只使我们关注到脱离语境的只言片语，还能使我们观察这些只言片语如何构建一个完整的语篇"（2004：38）。根据这一"语言即语篇"的语言观，人们只有从语篇的角度来研究语言才能完整地反映语言，缺乏语篇层次的描述不足以描述语言的全貌。同样，本文认为，脱离语篇的参与者研究也不能反映参与者的全貌。独立于及物性过程的语篇视角下的参与者有着很大的研究空间，对语篇动态发展中的参与者展开探索，可以进一步拓展参与者研究空间，对丰富及物性理论是个有意义的尝试。

第二，语篇视角下的参与者研究模式尚未形成。如何研究语篇中的参与者？具体研究什么内容？这些不是容易回答的问题，然而，可以肯定是，语篇中的参与者至少涉及两个层面：一个是篇外经验实体，另一个是篇内用于标识经验实体的语法手段。后者涉及的是语法标识手段的选择问题——经验实体的不同、提及次序的不同、语篇体裁的不同、语言体系的不同等，都可以影响到语法标识手段的选择。语篇中的参与者随着及物性过程的推进呈现动态发展的态势，语法标识手段的选择结果可以说是参与者动态发展的轨迹。这种动态发展显然有着自身内在的规律，而这一内在规律又决定了参与者、参与者标示识、参与者标识手段、参与者标识链的属性和特征。

由上可见，参与者标识手段是语篇视角下参与者研究的核心内容，这也是本文将其锁定为研究对象的主要原因。以此为中心可以形成一个涵盖参与者、参与者标识、参与者标识手段、参与者标识链、参与者标识链因循原则、参与者标识手段跨语言对比的辐射性研究范围。为此，需要建立一个由理论解释和实证研究组成的系统研究模式，为本研究的科学性、严谨性和充分性提供保障。由于目前未见相关的研究成果，也无现成的研究模式可借鉴，语篇视角下的参与者研究模式的构建显得尤为必要和紧迫。

第三，参与者标识理论仍有语篇层面的完善空间。由于都涉及语篇成分之间的语义关联，参与者标识链与成分衔接纽带或指称链具有一定的重合。然而，作为参与者语篇动态发展的产物，参与者标识链受制于一定的因循原则并具有自身的鉴别性属性，因此与成分衔接纽带或指称链有着本质上的区别。从这个意义上来讲，语篇衔接理论不具有对参与者标识链的完全解释力，更不能代作参与者标识链的研究依据。

语篇动态发展的参与者仍隶属于参与者标识理论的解释范畴。然而，J.R.Martin（2004）发展的英语参与者标识体系对语篇层面动态发展的参与者的阐释力有待论证。这需要我们以语言事实为基础，对该标识体系进行一定的补充和修正，以扩大其对语篇层面不同情形参与者指称特征的覆盖力。把现有参与者标识理论放在语篇层面进行验证，对进一步完善参与者标识理论具有重要意义。

第四，现有参与者标识理论也需要进行跨语言适用性的验证。"具体理论对比是运用一般对比语言学的原理对两种或两种以上的语言进行具体的分析和对比，因此它的理论意义首先是可以使我们检验和不断完善对比语言学的一般理论和方法。其次，通过对两种语言作细致深入的对比，可以使我们对两种语言的特点和规律有比较深刻的理解。"（许余龙，2003：12）英汉参与者标识手段静态和动态实证性对比研究的意义在于：（1）发现参与者标识这一人类共有的语言现象在英、汉语参与者首次、再次或多次提及标识手段选择时所表现的共性和个性，从而加深对参与者标识现象的认识；（2）探究导致英汉参与者标识手段差异的语法层面及语篇层面的原因。所采用的对比研究模式对今后的相关研究应该有一定的借鉴意义，所取得的研究结果预计对外语教学和翻译实践有一定的指导意义。

1.3 理论框架和研究方法

参与者标识是怎样一种语言现象？落实参与者标识的英汉语言

手段是否相对应? 语篇中再次或多次提及参与者标识手段的选择受到哪些原则的制约? 英汉参与者标识链的因循原则有哪些共性和个性? 为此,本文需要在相关理论基础之上提出关于参与者标识和参与者标识链的基本论断、确立一套参与者标识手段系统、并使用科学的研究方法构建语篇视角下英汉参与者标识手段的静态、动态对比研究模式。

1. 理论框架

参与者是本研究的基点,对英汉参与者标识手段的研究建立在对引入语篇的参与者的语料统计分析基础之上。Halliday系统功能语法框架下的及物性理论可以为我们界定参与者概念、框限参与者语料考察范围提供依据。

参与者标识手段是本研究的核心。Martin发展的以英语语言为研究基础的参与者标识体系,可以为我们探索参与者标识的指称内容(参与者指称特征)和语言表达形式(参与者标识手段)并形成具有覆盖性的参与者标识手段系统提供理论框架。

本研究还涉及语篇衔接理论。与Halliday & Hasan的衔接纽带、Martin的指称链、Hoey的语篇词汇发展模式等进行比较,有助于我们考察参与者标识链与语篇衔接关系的重合面和不同之处,发现参与者标识链的鉴别性属性并形成参与者标识链的基本论断。此外,衔接原则对我们形成参与者标识链因循原则假设具有重要的借鉴意义。

本研究为实证性对比研究,需要以对比语言学的理论和方法为研究基础。"进行理论性对比研究需要建立一个能够进行细致比较的模式,确立比较内容和比较方法,并就语言(两种或两种以上)之间的异同做出解释。一致(congruence)、对应(equivalence)、相应(corresponding)等概念便由此而生……进行应用性对比研究需要使用理论性对比研究成果，为因各种具体目的（教学、双语分析、翻译等）而进行的语言对比提供理论框架。"（Jacek Fisiak, 1981: 2）。对比语言学理论关于可比性、对比基础、对比内容、对比材料、对比程序、对比方法等内容，为本项英汉参与者标识手段静态、动态对比研究提供了科学的方法论。

2. 研究方法

本研究采取以解释为目的、描写和解释相结合的研究观念。语言对比性研究属于解释性研究，但离不开结构主义语言学的理论基础。对比研究的目的是为了发现对比项之间的异同并回答产生异同的原因，从这个意义来讲，对比研究是解释性的。对比研究的一个不可缺少的程序就是进行对比项内容和语法层面上的描述，从这个意义来讲，对比研究是描写性的。本研究进行的是英汉参与者标识手段之间的对比。由于参与者标识是一种以语言体系中的语法手段来落实现实世界中的经验实体的现象，我们需要从词汇语法角度对参与者标识手段进行描写，之后，根据实例观察和语料统计数据，对产生英汉参与者标识手段差异的原因进行解释。因此，本研究既是描述性的，也是解释性的。

本研究属于具体理论对比研究的范畴。"理论对比语言学由一般理论对比语言学和具体理论对比语言学两部分组成。一般理论对比语言学的目的，是研究对比语言学的性质和任务，解决对比研究中的理论和方法问题……具体理论对比可以认为是一般理论对比语言学的第一序列的应用……目的是深入探讨两种或两种以上语言的异同，使我们对两种语言有更深刻的认识，从而使我们对语言本身有更深刻的认识。"（许余龙, 2003: 10-11）本研究关注的是参与者标识这一人类共有的语言现象在英汉两种语言中的表现，旨在发现其表现上的异同，从而加深对参与者标识现象的认识。从这个目的出发，本研究使用了具体理论对比研究方法。"对两种语言进行对比，首先就必须确定这两种语言中哪些部分是可比的，应该怎样比，对比的基础又是什么。"（许余龙，2003：11）本文认为，英汉参与者标识手段对比研究具有以下对比基础：第一，语言可以用于描述现实世界中的经验，语言的概念功能是英、汉语共有的功能，基于语言的概念功能我们可以进一步断定：对引入语篇中的参与者进行语言描写是包括英、汉语在内的人类语言的一个共有现象。第二，参与者首次、再次、多次提及的语言标识都是通过词汇语法实现的，包括英语、汉语在内的人类语言都存在一套落实参与者标识的语言手段系统，词汇语法层面是英、汉语共有的语法结构层面。从这个意义上讲，参与者标识手段在英、汉语中具有相同的对比层。在本研究中，对比的出发点是英汉两种语言的共有现象——参与者标识，对比模式如图1.1所示：

图1.1 英汉参与者标识手段对比层面示图

本研究大部分使用了Chesterman对比功能分析的研究模式。Chesterman（1998）提出一个专门用于语言对比的理论模式——对比功能分析模式。对比功能分析模式从两种以上语言之间的可觉察的相似性出发，旨在确定这种相似或相同意义在不同语言中的各种表达方式（Chesterman, 1998：Preface）。这一对比功能分析模式关注的是意义得以表达的方式，采用的是从意义到形式的研究视角。Chesterman（1998：54）提出了对比功能分析的研究程序：（1）基本语料（primary data）；（2）可比标准（comparability criterion）；（3）提出问题（problem）；（4）提出最初假设（initial hypothesis）；（5）验证最初假设（test）；（6）修正最初假设（revised hypothesis）；（7）验证修正过的假设（testing of the revised hypothesis）。对比功能分析模式的适用范围较之对比生成语法模式（Krzeszowski, 1979）要广泛得多，前者不仅可以用于形态、词汇、句法、语义和语用对比，也可以用于话语分析、文体、修辞及社会语言学对比（许余龙，2005，2006）。本研究对比的是英汉对同一个引入语篇的参与者的首次、再次或多次提及时所使用的语法标识手段，需要提出参与者标识链因循原则的假设，并通过语料验证发现英汉再次或多次提及语法标识手段选择上的异同，所以我们借鉴了Chesterman对比功能分析模式的研究程序。

本研究采用静态对比与动态对比相结合的研究方法。所谓静态是指"语法结构用于通常情况下的一般性陈述和表达最一般的、不附带任何语境意义时所处的状态……所谓运动的状态是指语法结构用于特定的语用目的或表达特定的语用意义时所处的状态……静态对比是动态对比的基础，动态对比是静态对比的深化"（何善芬，2009：186-187）。本研究对英汉参与者语法标识手段进行静态和动态的对比研究。静态对比内容是：进行基于叙述语篇英汉翻译对等语料的英汉参与者标识手段对应率的语料统计，之后针对对应率较低的参与者标识手段进行不对应情形的深入分析，从而发现英汉参与者标识手段不对应情形产生的原因。动态对比内容是：提出参与者标识链再次或多次提及标识手段选择的因循原则假设，通过对再次或多次提及时英汉参与者标识手段的统计和分析来验证这些原则假设对英汉参与者标识链的制约力，即通过对比考察因循原则对英汉参与者标识链的制约情况来发现英汉参与者标识在语篇动态发展中的个性和共性表现。

　　本研究使用定性研究与定量研究相结合研究方式。"定性方法强调自然观察，包括直接观察、参与性观察和个案研究；定量方法强调对研究的环境的操纵和控制，即通过实验方法去观察。"（桂诗春、宁春岩，2005：213）本研究需要进行个别实例观察，发现英汉参与者标识手段不对应情形的个案，据此形成初步结论或宏观印象。之后，就初步结论或宏观印象进行基于语料的专门研究设计，旨在通过语料统计结果分析，得出一般性论断。因此，本研究采用定性与定量相结合的研究方式，以期取得"由表及里，深入事物的本质"（桂诗春、宁春岩，2005：93）的研究效果。本研究还需要对实例观察结果以及一定语料量的英汉参与者标识手段的对应率和不对应情形进行列表描写统计，此外，为了考察英汉参与者标识手段在语篇发展中因循原则的异同，本研究还需要使用源语/译语的双向列表法，从而使我们可以得到作为源语的英语（或汉语）与作为译语的英语（或汉语）之间的对比性描写数据。因此，列表是本项研究采用的主要描写统计法。

　　本研究选择短篇叙述小说英汉/汉英翻译对等语料作为定性和定量研究材料。主要理由是：第一，翻译对等语料可以使我们直观而清晰地观察到英汉对同一参与者进行标识时所使用的语法手段的异同；第二，短篇叙述小说便于统计操作和实例观察；第三，使用英汉/汉英翻译对等语料可以双向验证参与者标识链的因循原则，更利于发现英汉参与者标识手段选择上的共性和个性。语料主要选自《英汉名篇选译》（董俊峰等编译）、《名家精选读本》（朱振武主编）、《英译中国小小说选集》（黄俊雄编译）（详见附录1）。

1.4 研究思路

本书的研究思路是:

首先,阐述参与者和参与者标识的理论基础,对参与者进行界定,并提出关于参与者标识、参与者标识链的基本论断。

第二步,阐述参与者标识的内容与形式。

第三步,解析Martin发展的英语参与者标识体系框架下的参与者指称特征标识层位,在此基础上进行一定补充和修正并形成由首次提及、相关性首次提及和再次提及三部分组成的英语参与者指称特征标识层位及其相应的英语参与者标识手段。

第四步,静态考察英汉参与者标识手段的异同。先进行基于叙述语篇英汉翻译对等语料的英汉参与者标识手段对应率的统计,然后对对应率较低的参与者标识手段进行深入分析。

第五步,动态考察英汉参与者标识手段的异同。先构建参与者标识链的语篇分析模式,然后提出参与者标识链因循原则的假设,之后就参与者标识链因循原则假设进行基于叙述语篇英汉/汉英翻译对等语料的双向验证。

第六步,得出本研究的结论。

研究思路如图1.2所示:

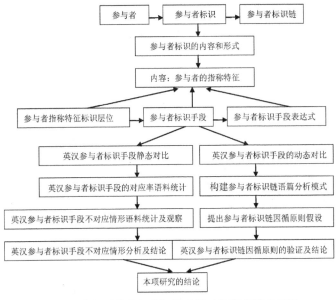

图1.2 英汉语篇参与者标识手段对比研究模式示图

1.5 布局安排

本书布局安排随以上研究思路展开,共分为七章:

第一章,阐明研究对象、选题意义、理论框架和研究方法,确立研究思路、研究设计和布局安排。

第二章,进行有关参与者研究、参与者标识研究、参与者标识链研究的文献综述,奠定本文的研究基础。

第三章,阐述参与者、参与者标识的理论基础。提出本文关于参与者标识和参与者标识链的基本论断。

第四章,对参与者标识的内容和形式展开深入研究。以Martin参与者标识体系为框架梳理一套参与者指称特征标识层位,由此确立相应的参与者标识手段系统。

第五章，进行基于叙述语篇英汉翻译对等语料的英汉参与者标识手段静态对比研究，形成关于英汉参与者标识手段不对应情形的研究结论。

第六章，进行基于叙述语篇英汉/汉英翻译对等语料的英汉参与者标识手段动态对比研究，形成关于参与者标识链因循原则假设的验证结论。

第七章，阐明本研究的主要结论、理论价值、实践意义、局限性和尚待研究之处。

第二章 / 理论研究基础

本章将进行文献综述，主要从以下三个方面展开：关于参与者的研究，关于参与者标识的研究，关涉参与者标识链的研究。

2.1　关于参与者的研究

鉴于参与者的专门性研究成果较少，本研究将范围扩至关涉参与者较多的及物性研究成果。关涉参与者的及物性研究成果可以分作三类：评介性、扩展性和运用性。

2.1.1　系统功能语法中的参与者

根据Halliday（1985）的系统功能理论，语言具有三种纯理功能（metafunctions）：涉及语言使用者交流关系的"人际功能"（interpersonal function），描述经验意义的"概念功能"（ideational function），构筑语篇语义连贯的"语篇功能"（textual function）。三者之间的内在关系可以简述为：人们使用语言描述现实世界（物质世界和精神世界）的经验；使用语言与人交流并建立、维持人与人之间的关系；在使用语言的过程中，人们借由主位结构、信息结构和衔接手段来构筑连贯的语篇语义统一体。在"Clause as representation"章节中（2005：106-175），Halliday详细地阐述了由小句实现的、旨在描述内心及外部现实世界的及物性理论。在介绍及物性系统及其组成部分的核心概念时，Halliday指出：及物性通过过程反映现实世界中的经验，及物性系统由过程（process）、参与者（participant）、环境成分（circumstance）组成，由于活动和事件的性质不同，过程的结构类型也不同，不同类型过程所涉及的参与者也不同。以下是六种过程所涉及的参与者类型：

物质过程：动作实施者、动作承受者、动作受益者、范围

关系过程：感知者、现象

心理过程：载体/属性、被识别者/识别者

行为过程：行为者

言语过程：讲话者、受话者、讲话内容、针对者

存在过程：存在物

及物性是Halliday概念功能范畴下的一个重要语义系统，被Halliday视为概念功能在语言系统中的体现形式。作为及物性系统中重要组成部分之一的参与者，在描述人们内心及外部现实世界中的经验时扮演着不可或缺的角色。该文献对参与者的研究局限性在于：（1）虽然对不同过程所涉及的参与者类型进行了详细的描述，但未

就实现参与者的语言手段做进一步的探讨；（2）虽然阐明了参与者在及物性系统中的作用，确立了参与者在系统功能语法中的位置，但未从语篇发展的视角对参与者进行深入的研究，对参与者的研究只停留在及物性系统层面。该文献为本研究框定参与者语料考察范围提供了理论依据，对本研究具有重要的参考价值。

Halliday（Webster, 2007: 209-212）将系统功能语法理论（主位结构、信息结构、语气和情态系统、及物性系统、词汇衔接、名词化、语法隐喻等）运用于具体语篇的实例分析。其中，在对及物性系统的实例分析中，作者以"过程类型与及物性功能"为标题，以"clause No., process type, process, medium, other participants and circumstances"为抬头，列表统计了语篇中所有小句实现过程的情形以及物质过程、心理过程、关系过程的分布情况。通过统计数据分析，作者得出了关于过程类型分布与语篇特征之间关系的论断。Halliday未就参与者进行类似的实证分析。然而，将及物性理论运用于具体语篇的研究模式，无疑拓展了及物性理论的运用性研究空间，为人们探索及物性视角下的语篇特征以及语篇视角下的参与者提供了新思路。

2.1.2 评介性及扩展性研究

随着An Introduction to Functional Grammar（1985）的问世，相关的评介性论著相继出版。其中，Bloor & Bloor （2003） 在 The Functional Analysis of English: A Hallidayan Approach中，进行了Halliday模式下的英语功能分析。书中，作者对过程和参与者做了详

细的实证阐释（2003: 107-134）。作者指出，语言是描述现实世界（精准来讲，是描述感知的、意识中的现实世界）的工具，是为经验进行编码的工具。对现实世界中的事件以及涉及的人和物进行语言描述离不开过程和参与者这两个概念。过程可以有两层意指：一指小句实现的整个事件过程（术语意义），二指小句中动词词组所体现的内容（非术语意义）。参与者是过程所涉及的经验实体（entity），实体既可以是有生命的（animate），也可以是无生命的（inanimate），甚至还可以是抽象的（abstract）。不同类型的过程会涉及不同类型的参与者。作者使用了大量例句和图表对六种过程及参与者类型进行了实例解析。然而，论及参与者的部分显然受限于及物性系统框架而停留在及物性过程类型的层面。

J. R. Martin（2004: 7-13）强调了三个纯理功能的系统性和功能性。Martin认为，人际功能、概念功能和语篇功能可以由小句语法同时实现。如在小句"Marvin is parking the ship."（Martin, 2004: 7）中，"Marvin"在概念功能视角下是"actor"，在人际功能视角下是"subject"，在语篇功能视角下是"theme"。同样，"is parking"在概念功能视角下是"process"，在人际功能视角下是"finite"，在语篇功能视角下是"rheme"。Martin以此例证了人际功能、概念功能和语篇功能的三位一体性，以及小句语法的功能作用——以及物性系统落实概念功能，以语气系统落实人际功能，以主位系统落实语篇功能。Martin关于三个纯理功能的系统性和功能性的论述使我们意识到，参与者所处的系统功能语法框架是一个庞大而极具系统性的体系，而参与者在其中占有一席之位。

强调纯理功能"系统性"和"同时性"的还有Roger T. Bell。Bell（1991）对纯理功能和及物性系统的论述是从翻译视角出发的。Bell指出，翻译应该引入语言学理论，因为从某种意义上讲，翻译是语言学理论的验证场所。作者认为，如果翻译的最终目的是将一个源语篇转换成另一种语言与之对等的语篇的话，那么，将当代语言学的理论见解和分析方法引入翻译领域则有助于保留源语篇中的信息内容、形式特征和功能效用。Bell（1991：117-133）以独特的、深入浅出的方式介绍了人际功能、语篇功能、概念功能、及物性系统、过程、参与者、环境成分等一系列概念。作者把概念功能称为语言基本的概念传递功能，而及物性系统则负责实施语篇内容的传递。为了更好地阐明及物性系统，Bell建议我们提出以下问题：谁、在什么时候、在什么地方、以什么方式、为什么目的、对谁、在做什么？这些问题可以把我们引向语篇最底层的命题，从而使我们看清命题中的动作者、过程和目标。

Bell把参与者视作语篇最底层命题的重要组成部分，但对参与者的关注仍未脱离及物性过程类型的视角。Bell对部分过程类型及其涉及的参与者进行了细分（1991：126）：将物质过程再分为行为（涉及的参与者是动作者和目标）和事件（涉及的参与者是动作者和目标）两类；将心理过程再分为感知（涉及的参与者是感觉者和现象）、情感（涉及的参与者是感觉者和现象）和认知（涉及的参与者是感觉者和现象）三类；将关系过程再分为紧连式（涉及的参与者是识别者/被识别者、载体/属性）、环境（涉及的参与者是识别者/被识别者、载体/属性）和领属（涉及的参与者是识别者/被识别者、载体/属性）三类。Bell对环境成分也进行了细分（1991：129），分别是：（1）程度（空间、时间）；（2）地点（空间、时间）；（3）方式（方式、质量、比较）；（4）原因（理由、为谁、目的）；（5）伴随（伴随、添加）；（6）主题；（7）角色。

国内学者对于系统功能语法给予了很大的研究热情，进一步扩展了及物性的研究空间，形成了较为丰硕的研究成果。朱永生等（2004：137-147）详细地介绍了Halliday及物性系统中不同种类的过程和参与者。作者指出：及物性系统是体现概念功能的语义系统，及物性系统的作用就是"把人们在现实世界中的所见所闻、所作所为分成若干'过程'，并指明与各种过程有关的'参与者'和'环境成分'"（2004：137）。作者详细介绍了与不同类型过程相匹配的参与者，如：物质过程涉及的参与者是"动作者"和动作的"受者"，心理过程涉及的参与者是心理活动的主体（感觉者）和被感知的现象，行为过程涉及的参与者是"行为者"等。文献中，参与者作为及物性系统的一个主要组成部分得到了较为详尽的论述。

胡壮麟（1994：22-43）以英、汉两种语料论述了及物性系统的过程类型及其涉及的参与者，并且从过程与参与者的关系可以体现语篇特征的角度出发，例证了不同类型过程与语篇特征之间的关系。作者认为，"句子语法不能包括或代替语篇研究，但语篇研究可以把句子语法作为它研究内容的一部分。这是由语篇研究本身的特点决定的"（1994：22）。作者发现"某种过程在语篇中的相对增多是构成语篇特征的因素之一"（1994：30），如：关系过程在描写人与物时使用最广；行为过程单独构成语篇较为困难；言语过程多见于广播语言；存在过程常出现于景物描写语篇或游记中。作者对及物性系统的探讨是在语篇视角下进行的。以英汉双语料对及物性系统进行的语篇视角下的研究进一步拓展了及物性系统的运用领域。对我们进行语篇视角下的参与者研究具有重要的借鉴意义。

朱永生、严世清（2005：32-33）则从语用视角探讨了概念功能与及物性系统的对应关系。作者指出，"及物性系统的作用在于通过对过程、参与者以及环境因素的选择，在语言中再现人的各种社会经历和心理经历……在反映任何一个经历时，讲话者都必须使用一些与话题相关的词汇。无疑，词汇的使用是反映和识别经历类别的重要依据"（2001: 32）。作者在阐明词汇语法在实现及物性系统过程中的作用的同时指出，"语言发挥概念功能时，不仅要依靠语法（这里特指过程的类型），而且要依靠词汇的使用和同现。当话语含有比喻时，对上下文和外部的语境因素（尤其是讲话者的意图）也必须综合考虑"（2001: 33）。作者强调了语言系统在落实现实经验时的语境因素。这一观点带给我们的启示是：对参与者的研究也应拓展语用层面的研究空间。

有的研究者对及物性过程的分类提出了存疑并阐述了自己的观点。程晓堂（2002: 311-317）对关系过程分类框架中的两个问题提出了质疑：一是类型与模式的交叉组合存在的问题，另一个是判断过程类型和模式依据不一致的问题。对于第一个问题作者提出的观点是：关系过程首先应该分为三种类型，即内包型、环境型和所有型。其中的内包型可以再分为归属式和识别式，而环境型和所有型则不能再分为归属式和识别式。对于第二个问题作者指出：判断一个小句究竟属于哪种过程的主要依据是小句本身的意义，而不是小句的表面形式（特别是谓语动词的形式和种类），但是判断过程类型和模式的时候，则有些情况以小句的意义为依据，有些情况则以形式为依据。作者以环境型关系过程实例论证了判断过程类型依据不一致的现象。

王红梅、董桂荣（2007: 114-116）指出，及物性系统的六种过程的分类与界定问题一直是语言学家争论的焦点，主要集中于界限交叉的几种过程的区分。作者认为，物质过程与心理过程的界定似乎很明显，但在实际语篇分析中，二者关系又十分紧密，经常会遇到表面的及物过程与蕴含的及物过程不一致的问题。作者从物质过程和心理过程的界定、区别和联系三个方面入手，提出了区分两种过程的论断，即：从语义角度来辨认及物过程参与者、过程隐喻意义以及语法隐喻意义，以此对物质过程与心理过程加以区分。

马力（2006：19-23）从汉语和英语两个不同的角度分析了九种最常见的参加者角色的异同，阐明了参加者角色的两个等级结构以及角色重叠现象，并指出角色分析的重要性。作者使用英语、汉语两种语料对九种参加者角色进行了概述。这九种参加者角色是：施事者（agent）、间接施事者（author）、工具（instrument）、受事（patient）、经历者（experiencer）、受益者（benefactive）、述位（theme）、起点（source）、终点（goal）。主题角色被分为参加者角色（participant roles）和非参加者角色（nonparticipant roles）两大类，前者由句子中一些必不可少的主要成分（主语、直接宾语、间接宾语等）担任，与句子的关系十分密切；后者一般由介词的宾语担任，常就上下文提供一些有关时间、地点、原因、方式、目的或结果的信息。所有的参加者角色都可以做句子的主语，但是非参加者角色一般不能做主语。参加者角色的特点分别是：施事者（意志力和直接性）、间接施事者（无意识）、工具（依赖性）、受事（可变性）、经历者（内部思想状态）、受益者（代理性）、述位（方位改变）、起点（起点）、终点（终点）。

作者阐述了两种参加者角色等级结构：（1）主语等级结构（施事者/经历者/述位/受事/工具）；（2）重要性等级结构{施事者［经历者（终点/起点《述位/受事》）］}，从左到右，各成分在句子中的重要性程度依次减弱，施事者是最重要的角色。该文献未从及物性系统的视角（也未从语篇动态发展的视角）出发，而是在句子层面对参加者角色的类型、参加者角色的特点等进行了探讨。作者关于参加者角色在两种等级结构（主语等级结构和重要性等级结构）排序的研究，引起我们对以下问题的思考：处于主语等级结构和重要性等级结构中的参加者角色，其语法标识手段表达式是否与提及序位有关？这似乎需要我们在语篇层面寻找答案。总体来看,作者对参与者的研究是一种局限于句子层面的静态的参加者角色分析。

2.1.3 运用性研究

及物性理论的运用性研究成果主要集中于语篇类型的及物性视角研究领域。这些运用性研究成果多侧重研究及物性过程类型与语篇类型之间的关系。李国庆(2005 : 13-18)探讨了及物性系统在语篇小句中的分布同语篇体裁类别归属之间的关系。作者提出的假设是:及物性系统在语篇小句中的不同实现和分布与语篇的体裁类别归属或语篇某个阶段紧密相关。作者首先介绍了小句的及物性功能,接着以描述体语篇为语料,探讨了及物系统结构同语篇体裁之间的关系。分析表明:叙述体语篇的进展部分主要由物质过程小句实现,因为物质过程小句的首要功能是描述外部世界。由于物质过程小句的这个功能和叙述体语篇的社会目的相一致,因此可以实现叙述体语篇的交际目的。描述体语篇主要由关系过程小句实现,因为关系过程小句的首要功能是静态地描述某个物体的特征。关系过程小句的这个功能和描述体语篇的社会目的相一致。作者得出的结论是:交际目的不同,致使不同过程类型语篇分布有异。

李力(2003)探讨了及物性对语篇类型的制约性。作者指出,及物性作为语言中表现概念功能的一个语义系统,通过各种过程反映现实世界中的经验,同时也决定了小句的不同类型和结构。论文吸收认知语言学关于射体和界标的研究成果,在语法隐喻理论框架下探讨了英语及物性系统。论文首先提出的观点是:及物性具有限定性,限定的强弱可以反映及物性的特征，而及物性的强弱是由语境决定的；接着，论文阐明将限定性引入及物性理论的意义；之后，论文讨论了隐喻、射体、界标、环境、轮廓限定、过程与参与者对语篇的限定等内容；最后，论文通过对语料进行统计分析得出以下结论：无论语篇的量有多大变化，有一样是不变的，那就是都含有强及物性和弱及物性限定，据此可以衡量语篇之间的差异。论文的局限性正如作者本人所说，对过程和参与者的统计分析后的应用还缺乏足够的解释力度。然而，论文将限定性引入及物性理论并从文化归类和选择探讨过程及参与者对语篇限定性的体现形式，对丰富及物性理论是一种有意义的探索。

刘晶（2009: 152-154）以6篇英文社论为语料进行了语篇过程类型分析，以期发现与这一语篇体裁相适应的语言表现形式所体现出的微观特征。论文首先以"句子编号、过程类型、过程、语料"为抬头列表统计了《纽约时报》一篇社论中过程类型的分布数据。接着，以"社论序号、过程总数、物质过程（下分个数与比例）、心理过程（下分个数与比例）、关系过程（下分个数与比例）、言语过程（下分个数与比例）、存在过程（下分个数与比例）"为抬头对六篇社论进行了过程类型分布统计。对六篇社论的统计分析表明：物质过程所占的比例最高，因为物质过程能够体现客观世界中所发生的一切——已发生的、正在发生的和可能发生的。关系过程次之，其出现率较高的原因在于：关系过程除了用来表述事与事、人与人以及人与事之间的关系之外，还能体现某种观点或态度，因而不仅符合语场的需要，也符合社论功能语旨的需要。心理过程和物质过程加起来占绝大多数，这反映出社论体裁描述事件与评论事件同时进行的特点。心理过程在社论中所占比例不是很大，但当需要社论作者就某件事情表达自己的观点和感受时，心理过程比例有可能增加。言语过程和存在过程所占的比例较小。刘晶对过程类型与社论体裁特点之间关系的实证分析，是探索小句及物性特征与具体语篇体裁特征之间关系的一个很好示例，为本研究探索参与者类型特征与具体语篇体裁之间的关系提供了思路。

周晓康（1999：36-50）将及物性理论应用于汉语研究。论文以系统功能语法理论为框架，从系统和功能两方面对现代汉语物质过程小句的及物性系统进行了综合性考察。论文的主要内容有：（1）构建了物质过程小句的系统网络。该系统网络不严格划分句法与词汇的界限，而是将语法结构体现的意义与词汇形式体现的意义融为一体；（2）对现代汉语物质过程小句进行了分类。作者将现代汉语物质过程小句分为两大类：一类是以施动者或受动者为过程的唯一参与者，另一类是以施动者和受动者（显性或隐性）为过程的两个内在的参与者。这一分类不同于传统语法的"不及物"与"及物"之分——在传统语法中被定为"及物"的一部分小句在该文中属于单参与者物质过程小句，而在传统语法中被看做是"不及物"的一部分小句子在该文中属于双参与者物质过程小句。论文详细讨论了物质过程小句的八种及物性类别。

论文的主要观点是：（1）及物性所涉及的是一个程度问题；（2）及物性属于小句系统而非动词系统，因此系统网络中大部分语义特征应看做是小句特征，而不是动词特征；（3）及物性系统的语义角色包括参与者和相关者；（4）物质过程小句除唯施动者与唯受动者两大类之外，还可进一步区分带范围和带部位两小类，其中涉及人体活动过程与表示文化活动过程的小句形成对照；（5）区分两种"零形式"物质过程小句："省略型"和"隐去型"。两者又有别于"无形式"单参与者物质过程小句；（6）"双主语"结构可重新分析为包含两个表义主位（受动者十部位）的简单句。这种分析方法有利于阐明句子主位结构及语义构成。

论文根据过程的参与者数目、性质及其构成划分物质过程小句及物性类别，并将它们纳入一个子系统互相作用、既有区别又有联系的系统网络，为这一类小句的语义选择和句法结构提供一种新的描写方法。该文献的研究视角较为新颖——不再是"及物性过程涉及的参与者"，而是"参与者涉及的及物性过程"。

2.2　关于参与者标识的研究

J.R.Martin（2004：93-157）发展了英语参与者标识体系。英语参与者标识体系是Martin语篇系统功能模式（由参与者、连接、及物性构成）中的一个重要组成部分。Martin发展的参与者标识体系呈树状结构，由根系统和支系统脉络组成。根系统从三个角度对参与者身份进行确认：类指（generic）/ 确指（specific）、介绍（presenting）/ 设指（presuming）、比较（comparison）/ 非比较（-）。根系统对参与者标识内容进行了基本定位。由根系统衍生出来的支系统和子系统，覆盖了不同情形的参与者指称特征。主要有三大脉络："确指 / 介绍"脉络、"设指 / 唯指"脉络、"比较 / 非比较"脉络。"确指/介绍"脉络包括两个子系统（total / partial和pronominal / nominal），这两个子系统交叉形成两个子子系统（unrestricted / restricted和unmarked / marked），该系统脉络主要涉及参与者类别中涉指部分的首次提及参与者的标识。"设指/唯指"脉络包括子系统（nominal / pronominal），由此又分别衍生出子子系统directed / undirected和interlocuter / noninterlocuter。该系统脉络主要涉及由代词和名词词组落实的再次提及参与者的标识。"比较 / 非比较"脉络包括的支系统和子系统有：general / experientialised、semblance / difference、purposive / 一、quantity / quality。"比较 / 非比较"与"类指 / 确指"、"介绍 / 设指"具有同时存在性——既可用于首次提及的参与者标识，也可用于再次提及的参与者标识。

可以看出，Hartford学派对参与者的研究对Martin的参与者标识体系产生了较大影响。但是正如Martin所说，他的参与者标识体系基于系统功能理论，与语篇网状语义结构框架下的参与者标识有所不同：其一，前者将语法视作意义产生的源泉，后者则分视形式与意义；其二，较之后者，前者更注重参与者标识的系统性和结构性。Martin的参与者标识体系具有以下主要特点：第一，系统性强。该标识体系以三个根系统为基点，依据参与者指称特征的标识需要层层衍生出支系统、子系统或子子系统，以求覆盖不同情形的参与者标识。第二，语篇特征鲜明。该标识体系以"介绍 / 设指"区分了首次提及和再次提及参与者的不同指称特征，体现了参与者在语篇中的动态发展特征。第三，结构性强。在将标识体系层层展开的同时，作者使用篇级实例并与语法层面环环相扣，图解了参与者在语篇发展过程中的链状结构。整体来看，作者以"参与者—参与者标识手段—参与者语篇发展链状结构"的线条。对其参与者标识体系的架构进行了阐述。

Martin发展的英语参与者标识体系仍有一定的局限性。其一，体系中某些层面仍有进一步扩展和细化的空间；其二，未能厘清由"chain"组成的链状参与者指称链与衔接纽带的不同；其三，没有论及该参与者标识体系对其他语言的适用性。然而，Martin所发展的旨在描述引入语篇并被再次提及的经验实体的指称特征的语言标识体系，应该是目前最为系统、最为完整的英语参与者标识体系（尽管其本身还存在扩展和完善的空间）。Martin的参与者标识理论触及了语言层面的语法系统与现实世界中的经验实体之间的跨接问题。从词汇语法层面区分了落实首次提及和再次提及参与者的不同标识手段,为本文探索参与者标识手段系统、进而进行英汉参与者标识手段的静态和动态对比研究奠定了理论基础。

2.3　关涉参与者标识链的研究

参与者标识链是本文提出的一个新概念,是本项研究的重点之一。目前尚未见参与者标识链的针对性研究成果。参与者标识链由指称同一个参与者的首次提及标识手段表达式和再次或多次提及标识手段表达式组成,涉及语篇成分之间的语义关联。因此,本文把涉及语篇成分语义关联的研究成果、涉及语篇成分照应关系的研究成果、涉及语篇成分链状指称的研究成果,都视作关涉参与者标识链的研究成果列入参考范围。

2.3.1　涉及语篇成分语义关联的研究

2.3.1.1　语篇成分衔接关系的研究

系统功能语言观认为,语言不是孤立的,是以语篇形式在特定情境中使用的语言。语篇是由衔接手段缔结而成的语义统一体。Halliday & Hasan(2001:31-288)使用五个章节的篇幅逐一论述了五种衔接手段类型:指称(reference)、替代(substitution)、省略

（ellipsis）、词汇（lexical cohesion）、连接 （conjunction）。前四类衔接手段属于成分衔接手段，成分衔接手段与参与者标识链的重合之处在于：两者都涉及一个语篇成分（名词性词语）与另一个语篇成分（名词性词语）之间的语义关联。

Halliday & Hasan在论述指称衔接手段时（2001：31-87）指出，每种语言都有一些具有指称功能的词语，这类词语由于指称而获得自身释义（2001：31）。根据所指内容回找途径，指称分为内指（endophora）和外指（exophora），内指又分为前指/回指/上指（anaphora）和后指/下指（cataphora）。根据实现指称的语法手段，指称分为：人称类指称（personal）、指示类指称（demonstrative）、比较类指称（comparative）。在论述替代衔接手段（2001：88-141）时，Halliday & Hasan首先讨论了替代与省略、替代与指称之间的区别。作者认为：替代是一个项目对另一个项目的位置上的取代，省略则是一个项目以零形式对另一个项目的位置上的取代（2001：88）；替代与指称的区别在于，前者是词语之间的关联，而后者是意义上的关联。替代分为三类：名词类替换（nominal substitution）、动词类替换（verbal substitution）、小句类替换（clausal substitution）。在论述省略衔接手段（2001：142-225）时，Halliday & Hasan重申了替代、省略、指称之间的区别，并指出：省略是一种留待填充的"结构空位"，"结构空位"上有代替物者为替代，无代替物者为省略，省略就是一种"零替代"。指称与替代/省略的区别主要表现在：指称属于语义层面，具有前指和后指衔接功能；替代/省略属于词汇语法层面，具有前指和后指（偶尔）衔接功能。替代分为三类：名词类省略（nominal ellipsis）、动词类省略（verbal ellipsis）、小句类省略（clausal ellipsis）。在论述词汇衔接手段（2001：274-92）时，Halliday & Hasan将其定义为通过词汇选择而建立语义关联的手段。词汇衔接分为两类: 重说式（reiteration）和搭配式（collocation）。重说式词汇衔接是一个词汇项目对衔接纽带上的另一个词汇项目某种方式上的重说，是"一个词汇项目与另一个词汇项目共有一个所指的现象"（2001: 278）。重说方式包括: 重复（repitition）、同义词（synonym）、近乎同义词（near-synonym）、上义词（superordinate）等。搭配式词汇衔接则指的是共现（co-occur）词汇项目之间的语义关联。

在论述以上衔接手段的同时，Halliday & Hasan也列举了实现衔接手段的语法层面的体现形式，主要有: 人称代词（personal pronoun）、领属词（possessive determiner）、领属代词（possessive pronoun）、选择性名词指示词（this, these, that, those）、替代词（one, ones）、名词性替代词（same）、名词性省略（nominal ellipsis）——修饰成分（deictic, numerative epithet, classifier）由修饰位置升级到中心词（head）位置的语法手段。Halliday & Hasan归纳的五种衔接类型揭示了语篇成分之间的语义关联方式，奠定了语篇衔接理论的研究框架。语篇成分衔接的语义关联方式对本研究考察首次、再次或多次提及参与者标识表达式之间语义关联方式具有重要的参考价值。

2.3.1.2　衔接关系的扩展性研究

胡壮麟（1994: 44-67）从指称性、结构衔接、逻辑衔接、词汇等四个章节对语篇衔接手段进行了基于英汉双语料的研究，对部分衔接手段进行了细分，并进一步扩展了语篇衔接范围。在论述指称性时，作者首先区分了直示（deixis）和照应（anaphora）这两个概念，指出，直示是由某一词语直接指称某一事物，建立语言与外部世界的联系；照应是由某一词语回指先前说到过的单位或意义，照应确定语言内部的联系。两者都涉及人称代词和指示代词。作者对指称类型（人称指称、社会指称、地点指称、时间指称、语篇指称）和指称方式（人称指称、指示指称、比较指称、词语指称、零式指称)都做了细化讨论。与Halliday的归类方式有所不同的是,作者把替代、省略、同构关系放入结构衔接部分来讨论。他指出:"结构衔接是对某一词语、词组或小句,通过同语篇中的另一个预设结构做句法结构的比较,回找本结构中某些未明确出现的词语、词组或小句……与指称衔接的根本区别是,指称词与所指或预设词语是同一个实体,但结构衔接则是词语相同,实体不一定相同。"(1994:69)作者对结构衔接和指称衔接的区分为本研究划分首次提及参与者标识手段和相关性首次提及参与者标识手段带来了启示。

张德禄、刘汝山(2003)对语篇衔接的范围进行了进一步的扩展。作者将语气结构和跨类衔接(语法与词汇、语法与语调、词汇与语调)列入了结构衔接范围。此外,作者还探讨了隐性衔接,认为隐性衔接"是一种在句子级甚至更大单位上的省略现象……省略的部分无法在上下文中找到,只能由听话者或解释者根据情景语境和文化语境推测出来……隐性衔接的标准应该是讲话者根据情景语境对听话者所掌握信息进行推测的准确程度和他设定的需推测信息是否恰到好处"(2003:28)。隐性衔接可分为两种:一个是情景性隐性衔接(隐性信息可以从即时的情景语境中找到),另一个是背景性隐性衔接(隐性信息可以从讲话者和听话者共知信息和共享文化背景中找到)。作者将衔接范围扩及篇外语境,"语篇—语境"衔接,为本研究划分参与者标识链类型提供了新的观察视角。

朱永生、严世清(2001:58-65)对Halliday的衔接理论提出了几点存疑并提出了自己的看法。关于照应作者认为:(1)照应应该是语义手段,而不是Halliday所说的语法手段;(2)内指与外指没有本质的区别,因为无论前指还是后指都是以两个成分互为参照点,但这些参照点最终还是指称语境中的某个目标的实物或抽象的概念;

（3）Halliday的照应论并不能解释一些复杂的现象，人们还需要运用语用知识，方能得出正确的结论。关于替代和省略作者认为：有的替代结构并不完全一致，并非Halliday所认为的替代成分与被替代成分在语法结构上应该一致。关于词汇搭配作者认为：Halliday未能对一些具有联系的词汇进行语义关系上的明确定位。作者认为应区分两种搭配现象：第一种搭配的词项同属于一个语义场，可以再细分为同义、反义、下义、局部关系；第二种搭配的词项不属于一个语义场，但经常一起使用。作者关于前指和后指都用以指称语境中某个目标实物或抽象概念的论断，带给本研究的启发是：如果语境中的某个目标的实物或抽象的概念"是引入语篇给予指称的特定参与者的话，那么落实指称的前指或后指必然具有同指性。这有助于本研究形成关于参与者标识链鉴别性特征的论断。

2.3.1.3　语篇成分语义关联的深入研究

Michael Hoey（2003）对词汇衔接机制进行了深入探究。作者对语篇词汇之间的语义关联方式进行了细致的划分，将重复（repetition）细化为：简单重复（simple lexical repetition）、复杂重复（complex lexical repetition）、简单复述（simple paraphrase）、复杂复述（complex paraphrase）、上义词（superordinate）、下义词（hyponym）、共指重复（co-repetition）、人称代词（personal pronouns）、指示代词（demonstrative pronouns）、修饰成分（modifiers）。作者认为，这些是施话者用做再次提及（say something again）的词汇手段。作者使用矩阵模式解析了一个句子与其前面的句子（横轴）、及其后面的句子（纵轴）之间的词汇关联情形，直观地揭示了由词汇重复手段实现的句子（跨句群、跨段落）之间的关联情形。Michael Hoey的语篇词汇模式包含指示词、代词、省略等内容。因此，该语篇词汇模式确切来讲是以词汇之间关联方式为研究对象的词汇视角下的语篇衔接模式。细化的词汇关联方式将为我们确立参与者标识手段系统起到补充和修正作用。

许余龙（2004）实证研究了语篇回指理解的机理。作者将回指（anaphora）现象界定为："一个（往往是简略的）语言表达式用来指代另一个语言表达式所表达的事物或意义，前一个语言表达式称为回指语（anaphor），后一个语言表达式称为先行语（antecedant）……语言中的回指语可以是名词性的、副词性的或是形容词性的。"（2004：1-2）因此，许余龙的回指覆盖了所有Halliday & Hasan所讨论的指称、替代、省略和词汇衔接。回指被分为八种类型：（1）名词回指、（2）名词短语回指、（3）动词回指、（4）动词短语回指、（5）形容词短语回指、（6）副词短语回指、（7）小句回指、（8）语段回指。作者的基本观点是，语篇中指称词语内在的形态和语义特征、句法功能以及语篇语义和语用功能，为语篇回指理解提供了最重要的基本信息。与先行语相联系并由先行语表达的信息是指称对象的主题性，与回指语相联系并由回指语表达的信息是指称对象的可及性。作者的研究方法是，根据回指语和先行语的形式语义特征和句法功能，提出了一个以可及性和主题性为基本概念的篇章回指确认模式，旨在阐释人们在篇章理解过程中是如何确定回指语的指称对象的。许余龙指出，为了保证读者能获得作者所期待的理解，作者在篇章中为读者提供了正确理解指称关系的语言提示，其中最重要的两类提示是：（1）用做回指语的指称词语表达的指称对象的可及性，即读者在大脑中搜索和取出关于某个实体的心理档案的难易程度；（2）用做先行语的指称词语表达的关于其所指篇章实体的主题性，即关于该实体在篇章处理的当前阶段是否作为篇章谈论的当前主题，以及是否将作为下一小句谈论的期待主题的信息状况。这两类提示构成了回指确认模式的基本理论基础。在此基础上,许余龙假定存在一个由所有篇章提及过的主题按先后顺序构成的主题堆栈,其中包含先行语所表达的实体的主题。回指确认过程因此可以描述为不同类型的可及性标示语与先行语表达的篇章实体在主题堆栈中的位置的匹配过程。该文献从认知语用角度探索了语篇回指的确认模式。涉及名词性回指语和先行语的形式语义、句法功能、语篇意义等部分的论述,对本研究考察参与者指称特征具有重要的参考价值。

2.3.2　涉及语篇成分照应关系的研究

Martin（2004）将语篇名词性词语分为两类:非指称类（non-phoric）和指称类（phoric）（2004: 99）。作者指出,非指称类名词性词语和指称类名词性词语都具有指称功能——前者在篇内不能回找其预设信息（unrecoverable）,其预设信息或存在于文化语境（独指）,或存在于非语言方式的情景语境（外指）;后者预设信息存在于篇内,在篇内可以找回其预设信息（recoverable）。

当一个语篇成分可以对另一个语篇成分提供预设信息源时,两者便形成了照应关系,建立了语篇语义上的关联。Martin把照应关系分为三类:提示性照应（reminding phoricity）、相关性照应（relevance phoricity）和冗余性照应（redundancy phoricity）（Martin, 2004: 99-100）。提示性照应关系主要由指称性衔接手段实现,所指内容可以是物、事件、地点、时间。提示性照应关系的特点是:指称词与所指是同一个实体。相关性和冗余性照应关系主要由结构性衔接实现,即:将语篇中一个组织成分与其预设的另一个组织成分进行句法结构上的比较，以找回该结构中未出现的词语。相关性照应关系可以通过形容词或副词的比较级或最高级等语法手段来实现；冗余性照应关系可以通过替代或省略等语法策略来实现。相关性和冗余性照应关系的特点是：预设性成分与被预设性成分可能是相同的词语，但是并不一定是相同的实体。三种照应关系的划分，为本研究探索参与者标识链的结构特点提供了理论依据。

2.3.3 涉及语篇链状指称的研究

Halliday & Hasan（1976）指出：衔接（cohesion）是一种语义概念，其体现形式是具有两个端点（两个语篇成分）的衔接纽带（Tie）。可以说，衔接是一种涉及两个语篇成分的语义关系——"其中一个语篇成分是用来诠释另一个语篇成分的源泉"（Halliday & Hasan 2003：109）。从这个意义来讲，衔接关系意味着衔接纽带的存在，衔接纽带意味着两个语篇成分存在一定的语义关联——或同指关系，或同类关系，或同延关系。

Martin（2004：140-153）探讨了对参与者首次、再次、多次提及而形成的链状指称序列结构——指称链（reference chains）。指称链由一个以上的"chain"构成，每个"chain"由提供预设信息源的语篇成分（presumed）和回找预设信息的语篇成分（presuming）组成。Martin图示了不同情形的指称链。为参与者标识链类型的划分奠定了基础。

衔接纽带或指称链（由具有衔接关系的语篇成分组成）与参与者标识链（由指称同一个参与者的参与者标识手段表达式组成）显

然具有较大的重合面，因此，Halliday & Hasan的衔接纽带和Martin的指称链是我们考察参与者标识链的最好参照物，对本研究提出参与者标识链基本论断、确立参与者标识链类型、构建参与者标识链语篇分析模式、形成参与者标识链因循原则假设等，具有重要的参考价值。

2.4 对本研究的启示

总体来看，针对参与者、参与者标识、参与者标识链的研究成果十分匮乏。然而，上述研究成果对本研究具有极为重要的参考价值。

首先，文献研究为本研究带来了关于研究视角和研究对象的宝贵启示。Halliday系统功能框架下的及物性系统是概念功能在语言系统中的体现形式。但是不难发现：同为及物性系统重要组成部分的过程和参与者，得到的关注相去甚远。丰硕的及物性理论运用性研究成果主要集中于过程与语篇关系的探索，而针对参与者的研究成果较少。及物性视角下的语篇特征研究成果可以带给我们如下启示：如果及物性系统中的过程类型分布与语篇有关，那么，随着过程的推进而被再次或多次提及的参与者在语法标识手段的选择上也应存在一定的规律，与语篇不无关系。由此打开的研究空间是：从语篇视角切入，探究参与者在语篇中的动态发展轨迹和规律。

文献研究为本研究提供了理论基础、研究思路、研究方法以及形成论断的理据。文献研究显示，目前人们对参与者的关注似乎与其赖以存在的过程密不可分——参与者与及物性系统（尤其是过程类型）的连带式研究特点极为突出。对参与者的研究明显受制于及物性系统的研究框架，尚未见语篇视角下的参与者标识手段研究成果。另一方面，众多的相关性研究成果为本研究奠定了厚实的研究基础。Halliday在阐述不同过程类型的同时对参与者的类型做了详尽的描述，确立了参与者在及物性系统中的作用和在系统功能语法中位置，为本研究框限参与者语料考察范围提供了理论依据。Martin发展的具有系统性、层次性、结构型的参与者标识体系，为本研究探索语篇层面的参与者标识手段提供了理论框架。此外，Halliday & Hasan的衔接纽带、Martin的指称链、Hoey的语篇词汇模式，为本研究形成参与者标识链基本论断以及语篇分析模式提供了理据和思路。众多的相关性研究成果为本研究奠定了厚实的研究基础。

第三章 / 参与者，参与者标识，参与者标识链

本章的主要内容是论述参与者和参与者标识的理论基础，并阐明本文关于参与者标识和参与者标识链的基本论断。第一部分介绍Halliday及物性系统中六种过程所涉及的参与者类型并框定参与者的语料考察范围。第二部分介绍Martin英语参与者标识体系，在此基础上形成关于参与者标识的基本论断。第三部分提出参与者标识链的概念并论证参与者标识链的鉴别性属性和特征。

3.1 参与者

3.1.1 及物性过程及参与者

语言使人们能够描述现实、描述周围及内心发生的事件，这正是语言概念功能的体现所在。概念是"词或小句在人的意识中的意指

对象，是与形式相对应的实质内容"（Halliday，2005：106）。可以说，任何语言都包含一套用于描述现实世界的系统。Halliday认为，英语描述现实世界的机理借由小句体现——即由小句再现由过程构组的现实经验。小句语法体系可以分检各种经验——发生的事、做的事、感知的事、意指的事、存在的事、变化的事等等。从这个意义讲，小句就是一种为千变万化的事件编码加序的映射体系，该体系就是及物性系统（transitivity）。及物性系统可以把千变万化的现实经验肢解为易处理的一系列过程（processes）。

那么，由及物性系统诠释的过程有哪几种？Halliday认为，过程首先可以分成外部经验和内心经验两大范畴。前者称为物质过程（material process），主要包含动作和事件；后者称为心理过程（mental process），部分包括对外部现实世界的再现、反映和反思，部分包括对于事物存在的意识。此外，还存在一种过程范畴：关系过程（relational process），该类过程体现一个经验实体与另一个经验实体之间的关系。物质过程、心理过程、关系过程是英语及物性系统的三个基本过程类型，但不是全部。Halliday注意到，上述过程两两之间界限模糊，仍存在具有鉴别意义的过程种类，它们是：行为过程（behavioral process）、言语过程（verbal process）、存在过程（existential process）。关系过程的特点是：being，可以表明归属（attribute）、可以实现鉴别（identity）、可以传递象征意义（symbolizing）。心理过程的特点是：sensing，可以体现思考（thinking）、感觉（feeling）、看（seeing）等意义。言语过程介于关系过程和心理过程之间，其特点是：saying。物质过程的特点是：happening，可以体现做事（doing）、行为（acting）、创造（creating）等意义。行为过程介于心理过程和物质过程之间，其特点是：behaving。存在过程介于物质过程和关系过程之间，其特点是：existing。Halliday（2000）指出，由小句语法体系搭建的过程架构由三部分组成：过程本身、过程涉及的参与者和过程涉及的环境。过程、参与者、环境都属于语义范畴概念，只能粗略地说明语言系统描述现实经验的可能性，但无济于具体小句的语法分析。

以下我们将就六种过程的功能、过程的鉴别性问题、过程涉及的参与者类型、过程涉及的语态选择、过程与过程之间的区别等，做进一步的阐述。

3.1.1.1 物质过程中的参与者

物质过程是"做事"的过程，或者说，"某个经验实体（可能对另一个实体）做某事"（Halliday, 2005：110）。物质过程通常涉及"做事情的词"（doing words），因此较常见于以动作词为主的叙述语篇中。物质过程涉及的参与者主要包括：动作实施者（actor）、动作承受者（goal）、动作受益者（beneficiary）、动作涉及面（range）。

1. 物质过程涉及参与者的情形

（1）只涉及一个参与者——动作实施者。见例［1］：

［1］　They came at last.

例［1］实现的物质过程未涉及动作承受者goal，只涉及动作实施者"they"。或者说，动词"came"实现的过程没有将动作延及其他任何实体。该句属于不及物性小句（intransitive clause）。该物质过程的鉴别性提问是"谁做了什么？"。

（2）涉及两个参与者——动作实施者和动作承受者。见例［2］：

[2]　　He opened the window.

例 [2] 实现的物质过程既涉及动作实施者 "he"，又涉及动作承受者 "the window"。动词 "open" 实现的过程将动作延及另一个参与者 "window"。该句属于及物性小句（transitive clause）。该物质过程的鉴别性提问是 "谁对谁做了什么？"。

（3）涉及三个参与者——动作实施者、动作承受者和动作受益者。见例 [3]：

[3]　　He gave her a rose.

例 [3] 实现的物质过程既涉及动作实施者 "he"，又涉及动作承受者 "a rose"，同时还涉及动作受益者 "her"。从及物性理论来讲，该小句涉及了三个参与者。涉及三个参与者的物质过程的鉴别性提问是 "谁对谁做了什么且谁是动作受益者？"。英语中类似的动词主要有：give，send，offer，buy，take等。

（4）涉及动作涉及面的物质过程。见例 [4]：

[4]　　He took a bath.

例 [4] 实现的物质过程既涉及动作实施者 "he"，又涉及动词涉及面 "a bath"。Bloor & Bloor（2003：115）认为，在系统功能语法的语义层次中，跟在take/gave后面的名词称为range，落实range的名词（a drink，a rest，a look，dinner，a wash等）似乎具有动作和参与者的双重功能，而动词 "take" 或 "have" 只不过是 "傀儡"（dummy）而已。Bloor & Bloor认为这种实义动词的退化现象（delexicalization）与英语动词名词化（nominalization）的倾向有关。作者在书中举了一个有趣的例子来说明range和goal的区别：在把 "He took a bath" 中的 "he" 假设为入室行盗者、把 "took" 还原为实义动词（而不是退化的"傀儡"动词）的情形下，小句中的"a bath"就可以看做是goal，而不是range了，因为在这种情形（他偷走了浴室管具）下可以回答的鉴别性提问是"谁对谁做了什么"。英语中类似的短语主要有：have a drink、have a rest、have a look、have dinner、have a wash等。

2. 物质过程的语态选择

英语涉及动作实施者和动作承受者的小句，需要就主动语态和被动语态做出选择。

（1）涉及两个参与者的物质过程小句的语态选择

涉及两个参与者的物质过程进行语态选择时，原主动语态中的补语变成被动语态中的主语，但动作实施者和动作承受者的角色不变。例如：无论在主动语态小句"He cleaned the room." 中，还是在被动语态小句"The room was cleaned by him." 中，"he"的角色都是动作实施者，而"the room"都是动作承受者。

（2）涉及三个参与者的物质过程小句的语态选择

涉及三个参与者的物质过程进行语态选择时，即需要就主动语态和被动语态做出选择，也需要就动作承受者和动作受益者的顺序做出选择。但无论孰前孰后，动作实施者、动作承受者和动作受益者的角色不变。例如：无论在"Mother gave the baby a kiss."中，还是在"Mother gave a kiss to her baby."中，或是在 "The baby was given a kiss by Mother."中，或是在"A kiss was given to the baby by Mother."中，"mother" 作为动作实施者，"the baby"作为动作受益者，"a kiss"作为动作承受者的角色都未发生改变。

3.1.1.2　心理过程中的参与者

心理过程是"感知"的过程，心理过程描述的是心理事件

（psychological events）。心理过程至少会涉及的参与者是一个能够感知、感觉、思考、觉察的有生命者——感知者（senser），感知者必须是具有感知力的人或物（sentient being）（比喻或童话故事除外）。除了感知者外，心理过程还会涉及另一种参与者——现象（phenomenon），现象既可以是有生命的经验实体，也可以是无生命的经验实体。

心理过程可以分为三类：（1）知觉过程（perception process），如：看、听等；（2）认知过程（cognition process），如：想、知道等；（3）情感过程（affection process），如：喜欢、担心等。英语实现心理过程的动词主要有：think、know、feel、smell、hear、see、want、like、have、please、admire、enjoy、fear、frighten等。

1. 心理过程涉及参与者的情形：

（1）涉及两个参与者——感知者和现象。见例[5]：

[5]　Mother heard the doorbell.

例[5]实现的心理过程涉及了经历过程的感知者"mother"和被经历的现象"the doorbell"两个参与者。由于"heard"不能"做事情"，因此心理过程不能用"谁做了什么"的提问来鉴别。

（2）"过程中的过程"涉及的参与者。见例[6]：

[6]　We thought that he wouldn't come.

例[6]实现的心理过程涉及了感知者"we"和现象"that he wouldn't come"，而实现现象的小句"that he wouldn't come"本身也实现了一个物质过程，我们把这种情形称作"过程中的过程"。在这一"过程中的过程"中，"he"是动作实施者，"wouldn't come"是过程动词。英语中类似的动词还有guess、suspect、calculate等。

2. 心理过程的语态选择

由于涉及两个参与者，心理过程小句需要就主动语态和被动语态做出选择（被动语态中的感知者多被省略）。选择被动语态时，原主动语态中的补语变成被动语态中的主语，但是参与者的角色不变。例如："we" 和 "a note" 在主动语态小句 "We saw a note on the table" 中分别是感知者和现象，在被动语态小句 "A note was seen on the table." 中也是如此，只是被动语态中的感知者多被省略。

3. 心理过程与物质过程的不同

Halliday 对物质过程和心理过程进行了比较，阐明了两者之间的不同：

（1）心理过程涉及的感知者必须是被赋予意识思维（endowed with consciousness）的有生命者，这是心理过程中感知者的特性。

（2）心理过程涉及的现象可以是物，也可以是小句实现的一个事实（fact）；而物质过程中的参与者却不可能是事实，因为事实本身不能"做"事，也不能对其他人或物"做"事。

（3）心理过程和物质过程还存在时态上的区别。在实现心理过程的小句中，无标记性（unmarked）时态是一般现在时；在实现物质过程的小句中，无标记性时态是现在进行时。

（4）心理过程小句的另一个特点是：可以"双向"（two-way）实现同一种过程。在维持主动语态不变的情况下，感知者和现象都可以做主语，而其参与者角色不变；物质过程则不具备这种双向性（bi-directional）。

（5）物质过程的鉴别性提问可以是"谁做了什么"，或者是"谁对谁做了什么"，或者是"谁对谁做了什么，受益者是谁"。这些提问显然不能用于对心理过程的鉴别。

3.1.1.3 关系过程中的参与者

关系过程是"是"（being）的过程，但being并非there be句型所实现的那种存在意义。关系过程小句往往涉及两类参与者（载体/鉴别者/拥有者，属性/被鉴别者/被拥有者）。从某种意义上讲，关系过程搭建了两个不同的经验实体之间的关系。Halliday（2005：119-138）探讨了三类关系过程和两种关系过程模式。三类关系过程与两种关系过程模式进行交叉，可以形成较为细化的六种关系过程。六种关系过程涉及了不同的参与者。

1. 三类关系过程

（1）包含式（intensive）

表达式为：X is a，意为：一个实体属于另一个实体。

（2）环境式（circumstantial）

表达式为：X is at a，意为：一个实体是在另一个实体的环境中。

（3）拥有式（possessive）

表达式为：X has a，意为：一个实体拥有另一个实体。

2. 两种关系过程模式

（1）属性模式（attributive）

表达式为：a is an attribute of X，意为：一个实体是另一个实体的一个属性

（2）鉴别模式（identifying）

表达式为：a is the identity of X，意为：一个实体是另一个实体的鉴别

3. 六种关系过程及涉及的参与者

三类关系过程和两种关系过程模式交叉形成六种关系过程：

（1）属性式包含（Intensive attribute）

属性式包含关系过程涉及两种参与者：载体（Carrier）和属性（Attribute）。例如：在"It smells good."（Halliday 2005：119-138）中，"It"是载体，"good"是属性。

（2）鉴别式包含（Intensive identifying）

鉴别式包含关系过程涉及两种参与者：被鉴别者（Identified），鉴别者（Identifier）例如：在"The tallest one is Jim."中，"The tallest one"是被鉴别者，"Jim"是鉴别者。

（3）属性式环境（Circumstantial attribute）

属性式环境关系过程涉及两种参与者：载体（carrier），属性（attribute）。例如：在"The novel is about an orphan."中，"The novel"是载体，"an orphan"是属性。

（4）鉴别式环境（Circumstantial identifying）

鉴别式环境关系过程涉及两种参与者：被鉴别者（identified），鉴别者（identifier）。例如：在"Tomorrow is Friday."中，"tomorrow"是被鉴别者，"Friday"是被鉴别。

（5）属性式拥有（possessive attribute）

属性式拥有关系过程涉及两种参与者：拥有者（possessor），被拥有者（possessed）。例如：在"They have a big house."中，"they"是拥有者，"a big house"是被拥有者。

（6）鉴别式拥有（Possessive identifying）

鉴别式拥有关系过程涉及的参与者：被鉴别者（identified），鉴别者（identifier）。例如：在"The red one is mine."中，"the red one"是被鉴别者，"mine"是鉴别者。

Halliday认为，属性式过程小句与鉴别式过程小句具有以下几点区别：

（1）实现属性式过程参与者attribute的名词词组是无定的（indefinite），中心词或为形容词，或为普通名词，但不可能是专有名词和代词；

实现鉴别式过程参与者identifier的名词词组是有定的（definite），或是带有定冠词the（或其他限定词determiner）的普通名词，或是专有名词和代词，或是形容词最高级形式。

（2）实现属性式过程的动词是具有归属意义（ascriptive）的动词。主要有：表始动词（become、grow、get等），持续动词（remain、stay、keep等），表象动词（seem、appear、turn out等），感官动词（look、sound、smell、taste等），中性动词（be、feel等）；

实现鉴别式过程的动词是具有等同意义（equative）的动词。主要有：扮演、充当类动词（play、function as、serve as等），意指类动词（mean、indicate、imply、suggest、reflect等），等同类动词（equal、add up to、make等），种类、组成部分类动词（feature、 include、comprise等），构成、形成类动词（represent、constitute、 form等），例证类动词（examplify、illustrate等），符号象征类动词（express、spell、stand for、mean等）。

（3）属性式过程的鉴别性提问一般是"What?"、"How...?"、"What...like?"等问句；鉴别式过程的鉴别性提问一般是"Which...?"、"Who...?"、"What...?"等问句。

（4）属性式过程小句不能逆行（reversible）；鉴别式过程小句可以。

（5）鉴别式过程小句需要就语态进行选择。由于鉴别式过程的两个参与者同指一个事物，两者因此可以相互鉴别。但这不是简单的重复和赘述，两者区别在于：一个为形式，一个为功能。Halliday将它们区分为标记（token）和价值（value）。主语为标记的鉴别式过程小句即为主动语态；属性式过程小句没有被动语态。

3.1.1.4 行为过程中的参与者

行为过程涉及人特有的身体和精神方面的行为。其参与者可以标记为"行为者"（behaver）。行为过程的无标记时态是现在进行时。Halliday（2005：139）认为，行为过程介于物质过程和心理过程之间，边界较为模糊。但我们可以从以下几类行为动词来观察行为过程的鉴别性特征。实现行为过程的动词主要有：

> 类似心理过程动词的人类行为动词，如：
>
> look, watch, stare, listen, think;
>
> 类似言语过程动词的人类行为动词，如：
>
> chatter, grumble, talk;
>
> 反映人的情绪状态的人类行为动词，如：
>
> cry, laugh, smile, frown;
>
> 反映人的生理活动的人类行为动词，如：
>
> breathe, cough, faint, sleep;
>
> 类似物质过程动词的人类行为动词，如：
>
> sing, dance, lie, sit。

胡壮麟指出，"行为过程与物质过程有一个根本的区别，物质过程要求两个参与者，行为过程只要一个，即：'行为者'"（1994：36）。在行为过程和物质过程都只涉及一个参与者的情形下，"就要看某人的活动是否属于与生理有关的行为"（朱永生，2004：143）。

3.1.1.5 言语过程中的参与者

言语过程指"通过讲话等言语活动交流信息的过程"（胡壮麟，1994：37）。言语过程涉及以下参与者：讲话者（Sayer）——发出话语的人；受话者（Receiver）——话语传递的对象；讲话内容（Verbiage）——话语传递的内容；目标（Target）——言语过程针对的目标。例如：在"He said he can help me."中，"he"是讲话者，"he can help me"是讲话内容。再如：在"'What's the time?' he asked me."中，"he"是讲话者，"'What's the time?'"是讲话内容，"me"是受话者。在"Former party officials criticized party leadership"（Bloor & Bloor，2003：125）中，"former party officials"是讲话者，"party leadership"是华语针对的目标。

Halliday（2000）认为言语过程介于物质过程和心理过程之间。言语过程小句的鉴别性提问可以是："谁（对谁）说了什么？"例如，"John said that he was hungry"的鉴别性提问是："What did John say?"言语过程中的参与者sayer可以是人，也可以是物；实现另一个参与者verbiage的投射句可以是个命题（proposition），也可以是个建议。作为言语过程针对的目标target，"一般不同直接引语或间接引语一起连用"（Bloor & Bloor，2003：125）。涉及参与者target的言语过程动词主要有：criticize、praise、flatter、explain、describe、blame、condemn、castigate等。

3.1.1.6 存在过程中的参与者

存在过程是"表示有某物存在的过程"（朱永生，2004：144）。存在过程只涉及一个参与者，即：存在物（existent）。实现存在过程的动词有以下几类：

（1）there be.

（2）表示"存在"的动词，如：exist、remain、arise

（3）表示"发生"的动词，如：occur、come about、happen、take place

（4）带有环境因素的动词，如：follow、ensue、sit、stand、hang、emerge

（5）用于抽象存在句中的动词，如：erupt、flourish、prevail

3.1.2　参与者的界定

除了上述及物性过程所涉及的参与者外，本文认为，被Halliday 划为环境成分中的介词短语也应该列为参与者，见例［7］（Halliday, 2005: 113）和例［8］（Halliday, 2005: 131）：

[7] Jack and Jill went up **the hill.**

[8] My story is about **a poor shepherd boy.**

本文认为，例句中的粗体部分均属于引入语篇并以名词性词语 给予指称的现实世界中的经验实体，因此应该划入参与者范围。这类 参与者同其他类别的参与者一样，在语篇发展中可能会被再次或多 次提及而形成具有同指性的参与者标识链。如：例［7］和例［8］有可 能随着过程的推进而发展为例［9］和例［10］：

[9]　Jack and Jill went up the hill.

It was high and precipitous.

And there were bears in this hill.

[10]　My story is about a poor shepherd boy.

He lives with his aunt.

Nobody plays wth **him**.

He is lonely and sad.

例 [9] 中的介词宾语 **the hill** 在语篇发展中形成了参与者标识链。见图3.1a：

图3.1a　语篇参与者标识链示例①

例 [10] 中的介词宾语 **a poor shepherd boy** 在语篇发展中形成了参与者标识链，值得注意的是，该标识链上的 **him** 也是介词宾语。见图3.1b：

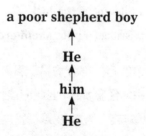

图3.1b　语篇参与者标识链示例②

如上所示，过程所涉及的环境成分中的介词宾语（**the hill** 和 **a poor shepherd boy**）随着过程在语篇中的推进而被再次或多次提及，进而形成具有同指性的参与者标识链。由此本研究将及物性过程所涉及的环境因子中的介词宾语也列为参与者语料考察对象。此外，以下参与者不列为参与者语料考察对象：心理过程涉及的现象（由小句落实），言语过程涉及的讲话内容（由小句落实），关系过程涉及的属性（由形容词落实）。

至此，本文为本项研究中的语料数据收集和考察框定了参与者的类型范围并尝试将参与者界定为：被引入语篇并给予语法手段标识的篇外（内心及外部现实世界）经验实体。

3.2 参与者标识

3.2.1 英语参与者标识体系

Martin在其*English Text: System and Structure*（2004）一书中探讨了参与者标识。Martin对参与者标识的介绍是从考察一个7岁女孩所写的叙述语篇中的指称开始的。见例[11]：

[11] One day I went to the zoo and I saw Rhinocerous. I moved to a Hippotamus I touched him and he is hand and he is big and so I went on and I saw the tiger and this man was feeding him it was eating it up Mum told me move on and next came then a gorilla. I saw a baby gorilla. My mum told me to move on. I saw a watch. It was 5 o' clock.

(Martin, 2004: 92)

例[11]中共出现11个参与者（包括：人、物、地点等），其中一些被再次或多次提及。表3.1（引自Martin, 2004: 94）列示的是参与者首次、再次或多次提及的标识情况。

表3.1 Martin首次、再次、多次提及参与者标识示例

participants	first mention	following mention (s)
the writer	I	I, I, I, I, I, me, my, me, I
the zoo	the zoo	the zoo
the rhinocerous	Rhinocerous	
the hippotamus	a hippotamus	him, he, he
the tiger	the tiger	him, it
the man	this man	
the food	it	
Mum	Mum	my mum
the gorilla	a gorilla	I
the baby gorrila	a babay gorrila	
the watch	a watch	

  Martin的示例说明：对参与者进行语言标识是语篇生产者不可回避的选择。由此也引出了一个重要概念：参与者标识。那么，语言是如何对首次、再次或多次提及的参与者进行标识的？

  这正是Martin发展的参与者标识体系试图回答的问题。该标识体系是一个具有衍生性和衔接性的庞大而复杂的树状结构体系。该体系由根系统、支系统、子系统、甚至子子系统组成。为了便于分析，本文将该体系划分为几个系统脉络，着重阐述涉及首次提及、再次提及的系统脉络。

3.2.1.1　参与者标识体系的根系统

  从Martin的参与者标识体系来看，三个根系统（presenting / presuming、comparison / -、Generic / specific）构成了参与者标识体系的核心。从这三个视角出发，可以标识参与者的基本指称特征。

（1）presenting / presuming标识参与者的预设信息源

presenting表示篇内未提供参与者的预设信息源；presuming表示篇内可以回找参与者的预设信息。

（2）comparison / - 标识参与者的比较和非比较特征

Martin认为，具有presenting语篇特征和具有presuming语篇特征的参与者同时都可以具有比较或非比较语法特征。a ship、the ship、a smaller ship、the smaller ship可以标识为如下指称特征：

> a frog：presenting /-
>
> the frog：presuming /-
>
> a smaller frog：presenting / comparison
>
> the smaller frog：presuming / comparison

Comparison / -系统脉络（Martin，2004：118）包括general / experientialised和semblance / difference两个子系统。general主要通过such、same、equal、similar、identical等来表示相似，通过other、different、else等来表示不同。experientialised主要通过more、less + adj.或比较词素 "er" 来表示相似，通过so、as、such、equally、similarly + adj./ else等来表示不同。

（3）generic / specific标识参与者的类指和确指特征

generic涉及参与者所在的类别，specific涉及参与者所在类别中的一个（些）组员。见例 [12]：

> [12] Fifteen percent of the world's land area consists of
> （1）**deserts**.（2）**The true hot deserts** straddle the Tropics in both hemispheres.（3）**They** are found on all continents between the latitudes of approximately 15 to 30 degrees, and（4）**they** extend inland from the west coasts to the interiors of these continents.

(5) **They** are never found on east coasts in these latitudes as all east coasts receive heavy rain from either on-shore trade winds or monsoons.

Cool deserts are found further polewards in the deep interiors of large continents like Eurasia or where mountains form rain-shadows, which keep out rain bearing winds that might otherwise bring wet conditions.

There are five major hot deserts in the world ... (6) **The largest hot desert** extends from the west coast of North Africa eastwards to Egypt and the Red Sea ... (7) **this** is the great Sahara that covers 9 million square kilometers ...

（Martin, 2004: 103）

我们可以对例 [12] 中的粗体标注部分进行generic / specific和presenting / presuming指称特征的标识：

（1） **deserts**：generic / presenting

（2） **The true hot deserts**：generic / presuming

（3） **They**：generic / presuming

（4） **they**：generic / presuming

（5） **They**：generic / presuming

（6） **The largest hot desert**：specific / presenting

（7） **this**：specific / presuming

例 [12] 中的（1）**deserts**的基本标识特征是：首次提及和类指，之后该参与者又先后被（2）**The true hot deserts**、（3）**They**、（4）**they**、（5）**They**再次提及，（2）（3）（4）（5）的基本标识特征是：再次提及和类指。例 [12] 中的（6）**The largest hot desert**涉及

的参与者是deserts类别中的一个具体成员，基本标识特征是：首次提及和确指，之后该参与者又被（7）**this**再次提及，（7）的基本标识特征是：再次提及和确指。

从例［12］来看，类指具有以下特点：第一，类指参与者既可以由定冠词名词词组指称，也可以由不定冠词名词词组指称。其原因在于：由于类指的预设信息存在于文化语境，对类指名词词组所指的经验实体进行确认时，往往不需要借助语言语境；第二，类指参与者既可以是单数，也可以是复数（原因同上）；第三，和确指参与者一样，类指参与者被首次提及后，可以由随后提及引发参与者标识链。

3.2.1.2 参与者标识体系的衍生系统

1. 由presenting／specific衍展的系统脉络

presenting／specific系统脉络（Martin，2004：110）由根系统generic／specific和presenting／presuming交叉形成，用于标识首次提及参与者类别中具体涉指成员的指称特征。

对首次提及参与者类别中具体涉指成员的指称特征的标识，主要通过以下两种词汇语法手段进行：pronominal 和 nominal。使用pronominal 或 nominal语法手段时，需要就total 和 partial 做进一步选择，从而进入到pronominal／partial 和nominal／partial交叉形成的四个标识层面。落实pronominal／total的语言表达式主要有：everything、everyone、everybody；落实nominal／total的语言表达式主要有：every bee、every boy；落实pronominal／partial的语言表达式主要有：something、someone、somebody、anything、anyone、anybody、everything、everyone、everybody；落实nominal／partial的语言表达式主要有：a bee/sm bees、aboy／sm boys、any bee／bees、any boy／boys。

然而，在pronominal / partial标识层面上，仍需要就somebody、someone、something 和 anybody、anyone、anything做进一步的区分，由此进入unrestricted / restricted的标识层面——以restricted标识参与者所在类别中受限定的某个（些）成员；以unrestricted标识参与者所在类别中不受限定的某个（些）成员。

同样，在nominal / partial标识层面上也需要对涉指为部分的名词词组做unmarked 和 marked的进一步区分。之后，我们会发现，nominal / partial / marked标识层面上存在的四种不同情形需要借由unrestricted、nonparticular、particular、major role做更为细化的标识性区分。

Martin（2004：108）指出，首次提及名词词组的unrestricted、nonparticular、particular、major role等标识特征与其所指称的参与者在语篇中首要性程度有关。unrestricted和major role是这个范围的两个极点——unrestricted 表示设指参与者类别中任何一个成员，通常使用any落实；major role针对参与者类别中一个特定成员，通常使用this落实。这两个极点之间是nonparticular和particular。

首要性由低到高的顺序是：

最低

⬆ He asked **any guy** he met there

He asked **some guy** he met there

He asked **one guy** he met there

⬇ He asked **this guy** he met there

最高

2. 由presuming / unique衍展的系统脉络

presuming / unique系统脉络（Martin，2004：112，114）用于标识唯指性再次提及的参与者指称特征。对唯指性再次提及参与者指称特征的标识，主要通过以下两种词汇语法手段进行：pronominal 和 nominal。

在presuming / unique / pronominal标识层面，需要就interlocuter 和 noninterlocuter做进一步的标识，从而将第一人称代词与第三人称代词区分开来。

在presuming / unique / nominal标识层面，则需要就directed 和 undirected 做进一步选择，由此进入到presuming / unique / nominal / directed和presuming / unique / nominal / undirected两个标识层面。前者由proximate / distant 再分为：presuming / unique / nominal / directed / proximate和presuming / unique / nominal / directed / distant；后者则进入到presuming / unique / nominal / undirected / superset标识层面，在这个标识层面上，superset可以再分为non-selective和Selective两组。non-selective再分为dual（又可进一步细分为：inclusive、alternative / positive、alternative / negative）和individuated两种选择。selective再分为order（又可进一步细分为：ordinal、positional）和quality两种选择。

presuming / unique参与者标识手段大体分为以下三类：

（1）使用专有名词对上文已提及的参与者进行再次提及的标识，如：

There was **a little boy**. His name was **Tonny**.

（Martin, 2004: 110）

（2）当数（number）、性（gender）、格（case）足以确认上文已提及的参与者时，可以使用人称代词（I, me, mine, my; we, us, ours, our; you, yours, your; he, him, his; she, hers, her; they, them, theirs, their; it, its）对上文已提及的参与者进行再次提及的标识。

（3）使用名词词组并借由名词词组结构中的可选修饰成分（数词numerative，形容词epithet，类别词classifier，修饰语qualifier）传递参与者的指称特征。

presuming / unique系统脉络涉及参与者再次提及的标识。该系统脉络可以对再次提及的参与者指称特征进行细化的描写。例如：在对话"Which one do you prefer? Neither of them." 中，neither 可以描写为：presuming / unique / nominal / undirected / superset / non-selective / dual / alternative / negative。

3. 由comparison衍展的系统脉络

Martin认为，comparison系统脉络与superset系统不同之处在于：前者既可与介绍连用，也可与设定连用；后者只能与设定连用。比较通过名词词组结构中的后指示词、数词、修饰语以及形容词、副词比较级成分来实现。comparison系统脉络从general / experientialised和semblance / difference展开。一般性比较主要通过such / same / equal / similar / identical等来表示相似，通过other / different / else等来表示不同；经验性比较主要通过more / less + adj.或比较词素 "er"来表示相似，通过so / as / such / equally / similarly + adj./ else等来表示不同。

3.2.2　参与者标识的基本论断

本文对参与者标识现象形成了以下基本论断：（1）参与者标识是使用词汇语法手段对引入语篇的参与者进行语言标识的语篇现象；（2）由于跨接语言和现实两个世界，参与者标识具有指称的属性，因此具有内容和形式两个层面。

3.3 参与者标识链

随着语篇的发展和及物性过程的推进，参与者必然被再次或多次提及，从而形成了参与者语法标识手段表达式的链状结构。由于都涉及语篇成分之间的语义关联，由首次、再次或多次提及参与者标识手段表达式构成的参与者标识链与Halliday的成分衔接纽带、Martin的指称链，以及Hoey的语篇词汇模式有着较大的重合面，本文将分别进行考察，以发现参与者标识链有别于后三者的鉴别性属性和特征。

3.3.1 Halliday的成分衔接纽带

指称、省略、替代、词汇等衔接手段实现的语义关联属于语篇成分衔接关系。这四种成分衔接纽带可以描述为：

指称——端点A（名词性成分）在篇内，端点B（名词性成分）在篇内，两个成分之间具有同指关系。

省略（只考察名词性省略）——端点A（省略的名词性成分）在篇内，端点B（名词性成分）在篇内，两个成分之间具有同类关系。

替代（只考察名词性替代）——端点A（替代作用的名词性成分）在篇内，端点B（名词性成分）在篇内，两个成分之间具有同类关系。

词汇（只考察名词性词语）——端点A（名词性词语）在篇内，端点B（名词性词语）在篇内，两个成分之间具有同指、或同类、或同延关系。

成分衔接纽带与参与者标识链的重合之处是同指性，我们可以说，端点A与端点B具有同指性的成分衔接纽带即为参与者标识链。

3.3.2　Martin的指称链

Martin（2004：101）所划分的三种照应关系具有各自的特点。提示性照应（reminding phoricity）的特点是：照应词与先行词是同一个实体，所指内容可以是物、事件、地点、时间。提示性照应主要由指称性衔接手段实现。相关性照应（relevance phoricity）和冗余性照应（redundancy phoricity）的特点是：照应词与先行词可能是相同的词语，但是并不一定是相同的实体。相关性照应和冗余性照应主要由结构性衔接手段实现，相关性照应可以通过形容词或副词的比较级或最高级等语法策略来实现，冗余性照应可以通过替代或省略等语法策略来实现。值得注意的是，Martin的三种照应关系（提示性照应、相关性照应、冗余性照应）实际上可以归为两大类：（1）具有同指关系的照应——照应词与先行语指称同一个经验实体（提示性照应）；（2）具有同类关系的照应——照应词与先行语使用的是相同的词语，但指称的并不一定是相同的经验实体（相关性照应、冗余性照应）。

Martin的指称链既包括提示性照应，也包括相关性照应和冗余性照应。同指性和提示性照应是参与者标识链与Martin指称链的重合部分。

3.3.3 Hoey的语篇词汇模式

Michael Hoey（2003）的语篇词汇模式同样可以用做确立参与者标识链鉴别性属性的比照物。Michael Hoey将词汇重复（repetition）细分为：Simple lexical repetition，Complex lexical repetition，simple paraphrase，complex paraphrase，superordinate，hyponym，co-reference repetition，personal pronouns，demonstrative pronouns，modifiers。我们先通过Hoey的示例来大致了解这一词汇模式。见例 [13]：

[13] 1 A **drug** known to **produce** violent reactions in **humans** has been **used** for **sedating grizzly bears** Ursus arctos in Montana, USA, according to a report in The New York Times.
2 After one **bear**, known to be a peaceable **animal**, killed and ate a camper in an unprovoked attack, **scientists** discovered it had been **tranquillized** 11 times with **phencyclidine**, or 'angel dust', which **causes** hallucinations and sometimes gives the **user** an irrational feeling of destructive power.
3 Many wild **bears** have become 'garbage junkies', feeding from dumps around **human** developments.
4 To avoid potentially dangerous clashes between **them** and **humans**, scientists are trying to rehabilitate the **animals** by **drugging** them in uninhabited areas.
5 Although some biologists deny that the mind-altering **drug was responsible for** uncharacteristic behavior of this particular bear, no research has been done into the effects of giving **grizzly bears** or other mammals repeated doses of phencyclidine.

（Hoey, 2003: 37）

例 [13] 直观地反映了句子1与句子2、3、4之间的词汇关联情形，从而揭示了跨句、跨句群、跨段落句子之间的语义关联情形。为了能够更清楚地观察Hoey语篇词汇模式与参与者标识链的不同，我们首先以"首次提及词项"和"随后提及词项"为抬头，列出例 [13] 中具有语义关联的词项，同时也列出首次提及、随后提及所使用的语法手段（见表3.2）。

表3.2   **Hoey语篇词汇模式中的语义关联词项**
（名词性词语和动词词组）

首次提及	随后提及	语法手段
drug	drugging / drug	nominal group
produce	causes / was responsible for	verbal group
humans	human / humans	nominal group
used	user	nominal group, verbal group
sedating	tranquillized / drugging	nominal group, verbal group
grizzly bear	bear / bears / them / animals / grizzly bears	nominal group

从表3.2来看，Hoey的语篇词汇模式既涉及标识参与者的名词性词语，也涉及实现过程的动词词组，以及实现环境因子的介词短语中的宾语。在Hoey看来，在使用名词性词语或动词词组来重复已提及过的词项的同时，可以实现句子之间的远距离语义关联，因此都具有语篇衔接功能。

我们对例 [13] 重新标注，略去动词词组，只考察用于标识参与者的名词性词语。见例 [13]'：

[13]' **1 A drug** known to produce violent reactions in **humans** has been used for sedating **grizzly bears** Ursus arctos in Montana, USA, according to a report in The New York Times. **2** After one bear, known to be **a peaceable animal**, killed and ate a camper in an unprovoked attack, **scientists** discovered it had been tranquillized 11 times with **phencyclidine**, or 'angel dust', which causes hallucinations and sometimes gives the user an irrational feeling of destructive power. **3 Many wild bears** have become 'garbage junkies', feeding from dumps around **human** developments. **4** To avoid potentially dangerous clashes between **them** and **humans, scientists** are trying to rehabilitate **the animals** by drugging **them** in uninhabited areas. **5** Although some biologists deny that **the mind-altering drug** was responsible for uncharacteristic behavior of **this particular bear,** no research has been done into the effects of giving **grizzly bears** or other mammals repeated doses of **phencyclidine.**

(Hoey, 2003: 37)

表3.3 Hoey语篇词汇模式中的语义关联词项（名词性词语）

首次提及	随后提及	语法手段
a drug	the mind-altering drug	nominal group
humans	human / humans	nominal group
bears	one bear / a peaceable animal/ it/	nominal group
	Many wild bears / them / the animals/them/	
	this particular bear / grizzly bears	
scientists	scientists	nominal group
phencyclidine	phencyclidine	nominal group

　　表3.3显示，所列的首次提及词项和随后提及词项均为名词性词语。但词项之间的语义关联既有同指关系，也有同类或同延关系。

　　我们以其中一个参与者"grizzly bears"为例，来观察其随后提及情形。"grizzly bears"的第二次提及词项是"one bear"，使用了"simple lexical repetition"的词汇重复方式；第三次提及词项是"a peaceable animal"，使用了"superordinate"的词汇重复方式；第四次提及词项是"it"，使用了"personal pronouns"的词汇重复方式；第五次提及词项是"many wild bears"，使用了"simple lexical repetition"的词汇重复方式；第六次提及词项是"them"，使用了"personal pronouns"的词汇重复方式；第七次提及词项是"the animals"，使用了"superordinate"的词汇重复方式；第八次提及词项是"them"，使用了"personal pronouns"的词汇重复方式；第九次提及词项是"this particular bear"，使用了"simple lexical repetition"的词汇重复方式；第十次提及词项是"grizzly bears，同样使用了"simple lexical repetition"的词汇重复方式。

值得注意的是，对"grizzly bears"的十次提及并非指称同一个参与者（虽然大部分名词词组包含"bear"），这十个词项实际上指称的是三个不同的参与者，并动态发展为三个不同的参与者标识链：

grizzly bears / grizzly bears

one bear / a peaceable animal / it / this particular bear

Many wild bears / them / the animals / them

通过以上分析不难看出，Hoey的语篇词汇模式是一个由名词词项、动词词项、代词词项实现的包含多种语义关联方式的语篇衔接模式。其中，由名词词项实现同指性衔接关系是Hoey语篇词汇模式与参与者标识链的重合部分。

3.3.4 参与者标识链的基本论断

本文对参与者标识链形成了以下基本论断：（1）由首次、再次或多次提及参与者标识手段表达式构成的指称链即为参与者标识链，参与者标识链具有鲜明的语篇属性；（2）参与者标识链上的首次、再次或多次提及标识手段表达式所指称的是篇外同一个经验实体，这就决定了参与者的同一性，进而也决定了参与者标识链的同指性；（3）参与者标识链的同指性又决定了参与者标识链的提示性照应特征。

由上得出的观点是：同指性是参与者标识链的鉴别性属性，提示性照应性是参与者标识链的鉴别性特征。参与者标识链可以界定为：由首次、再次或多次提及参与者标识手段表达式构成的具有同指性属性和提示性照应特征的指称链。

3.4 小结

界定参与者、参与者标识、参与者标识链是本研究的出发点和进行实证研究的理论依据。六种及物性过程涉及的参与者类型被框定为本研究参与者语料考察范围（小的变动是：将及物性系统中环境因子的介词宾语列为参与者，并去掉了心理过程中由小句实现的现象、言语过程中由小句实现的讲话内容以及关系过程中由形容词实现的属性）。参与者标识界定为对引入语篇的参与者进行语言描写的语篇现象，具有指称的属性，因此包含内容和形式两个层面。同与之有着较大重合面的Halliday成分衔接纽带、Martin指称链以及Hoey语篇词汇模式进行比较后发现，参与者标识链是参与者语篇动态发展的必然产物，具有其独有的鉴别性属性和特征——同指性是参与者标识链的鉴别性属性，提示性照应性是参与者标识链的鉴别性特征。

第四章／参与者指称特征及标识手段

　　本章将深入探讨参与者指称特征及其语言标识手段。为便于表述，需要对这些较为抽象的现象进行概念层面的界定。本章节提出了四个概念，分别是：参与者指称特征，参与者指称特征标识层位，参与者标识手段和参与者标识手段表达式。在此基础上，以Martin英语参与者标识体系为框架，从中梳理出一套参与者指称特征标识层位，并尝试对其进行基于语言事实的补充和修正，以增加据此形成的参与者语言标识手段系统对语篇层面不同情形参与者的覆盖性。

4.1　相关概念

4.1.1　参与者指称特征和参与者指称特征标识层位

　　在介绍参与者指称特征和参与者指称特征标识层位的概念之

前，我们先以第三章例 [11] 中的参与者为例，选择部分具有代表性的参与者进行描写，来更清楚地观察这些参与者的指称特征：

one day: presenting / specific / partial / nominal/marked / particular

I: presuming / unique / pronominal / interlocutor

the zoo: presuming / unique / nominal / undirected

a Hippoptoamus: presenting / specific / partial / unmarked

him: presuming / unique / pronominal / non-interlocutor

he: presuming / unique / pronominal / non-interlocutor

the tiger: presuming / unique / nominal / undirected

this man: presenting / specific / partial / nominal / marked / major role

him: presuming / unique / pronominal / non-interlocutor

it: presuming / unique / pronominal / non-interlocutor

Mum: presuming / unique

me: presuming / unique / pronominal / interlocutor

a gorilla: presenting / specific / partial / unmarked

a baby gorilla: presenting / specific / partial / unmarked

my: presuming / unique / pronominal / interlocutor

a watch: presenting / specific / partial / unmarked

（引自Martin, 2004: 127）

参与者的指称特征究竟都包含了哪些内容？

我们以 "the zoo: presuming / unique / nominal / undirected" 为例，将其指称特征进行 "层位" 分解：

presuming 表示参与者的预设信息可以回找；

unique 参与者的指称方式是"唯指";

nominal 表示落实参与者的语法手段是名词词组;

undirected 表示落实参与者的语法手段是"非指示词"名词词组。

我们再以 **"this man:**presenting / specific / partial / nominal / marked / major role" 为例,其指称特征包含了以下内容:

presenting 表示参与者的提及次序为首次提及;

specific 表示参与者的指称方式是"确指";

partial 表示参与者类别中涉指情况为"部分涉指";

nominal 表示落实参与者的语法手段是名词词组;

marked 表示落实参与者的语法手段是"有标记的名词词组";

major role 表示参与者语篇主题的首要性级别是"主要角色"。

在以上实例中,"层位"分解出来的内容就是参与者的指称特征。"presenting"、"presuming"、"unique"、"specific"、"partial"描写的是语篇特征;"nominal"、"undirected"、"marked"、"major role"描写的是语法特征。参与者的指称特征可以定义为:落实参与者标识的名词性词语所传递的引入语篇的参与者的语法特征和语篇特征。

参与者指称特征是参与者标识的内容。对这一内容我们可以进行定位性描写,例如:presuming / unique / nominal / undirected 是the zoo指称特征的定位性描写,presenting / specific / partial / nominal / marked / major role 是this man指称特征的定位性描写。换个角度来看,参与者的指称特征可以分解为若干"层位",用以描写具体的语法特征和语篇特征。例如:the zoo的指称特征由4个"层位"描写,this man的指称特征由6个"层位"描写。至此,我们可以把参与者指称特征标识层位定义为:由若干层位组成的、对参与者指称特征(语法特征和语篇特征)进行的不同角度的定位性描写。

4.1.2　参与者标识手段和参与者标识手段表达式

如果说参与者标识是对引入语篇的参与者进行语法手段标识的现象，那么参与者标识手段的实质就是：由语言提供的、用以描述参与者指称特征的语法选项。参与者标识手段表达式就是能够传递参与者指称特征的语言表达式。四个概念之间的关联性因此可以描述为：参与者的指称特征（语法特征和语篇特征）是参与者标识的内容。其表现形式具有三个层面：用于表述参与者指称特征的标识层位，用于标识参与者指称特征的语法手段，用于传递参与者指称特征的语言表达式。

4.2　参与者指称特征标识层位的解析

参与者标识手段表达式所传递的参与者指称特征（语法特征和语篇特征）可以使用标识层位来描写。那么，英语有哪些参与者指称特征标识层位？如何确立具有覆盖性的参与者指称特征标识层位系统？本研究从Martin发展的英语参与者标识体系入手，试图从中梳理一套英语参与者指称特征的标识层位。该体系复杂而庞大，因此须根据该体系结构特点，从根系统和衍生系统出发，分别解析这两个部分的参与者指称特征标识层位。

4.2.1 根系统的参与者指称特征标识层位

在根系统部分，英语参与者标识体系从三个层位对引入语篇经验实体的指称特征进行标识，它们是：

介绍/设指（presenting / presuming）

类指/确指（generic / specific）

比较/非比较（comparison / -）

这三个层位构成了英语参与者指称特征的基本标识层位。称其为基本标识层位是因为这三个层位是语篇生产者对引入语篇的经验实体进行首次、再次或多次提及时必须给予描写的层位。这三个基本标识层位可以描写参与者以下指称特征：

（1）是以比较结构或非比较结构对参与者进行首次提及，还是以比较结构或非比较结构对参与者进行再次提及；

（2）是以比较结构或非比较结构指称首次提及参与者的所在类别，还是以比较结构或非比较结构指称首次提及参与者类别中的某（些）成员；

（3）是以比较结构或非比较结构指称再次提及参与者的所在类别，还是以比较结构或非比较结构指称再次提及参与者类别中的某（些）成员。

我们接下来详细讨论Martin参与者标识体系根系统部分的三个基本标识层位。

4.2.1.1 介绍/设指标识层位

Martin认为，"从实现参与者标识的语法手段来讲，不定冠词

（indefinite article）/ 定冠词（definite article）系统是英语的特色之一"（2004：98）。该系统可以对参与者在语篇中的每一次提及进行不可回找（unrecoverable）/ 可回找（recoverable）的标识。通常，无定冠词的名词词组表示参与者的身份是不可回找的，代词、指示词、专有名词、定冠词名词词组则意味着参与者的身份是可以回找的。

再来看第三章例 [11]

> One day **I** went to **the zoo** and **I** saw Rhinocerous. **I** moved to **a Hippotamus I** touched **him** and **he** is hand and **he** is big and so **I** went on and **I** saw **the tiger** and **this man** was feeding him it was eating it up Mum told **me** move on and next came then **a gorilla. I** saw **a baby gorilla. My mum** told **me** to move on. **I** saw **a watch.** It was 5 o' clock.
>
> （Martin, 2004：92）

其中的参与者可列入Identity not recoverable和Identity recoverable两组：

（1）Identity not recoverable

Indefinite article:

a hippotamus

a gorilla

a baby gorrila

（2）Identity recoverable

pronoun:

I, I, I, I, I, I, I, me, me, my mum

him, it（the tiger）

he, he, him

I（t）

demonstrative:

this man

definite article:

the zoo, the zoo, the tiger

proper noun:

Mum

列入Identity not recoverable和Identity recoverable的名词性词语（**Indefinite article, pronoun, demonstrative, definite article, proper noun**）都具有指称性。不同之处在于：有的名词性词语的预设信息存在于文化语境，有些则存在于情景语境。以下是Martin（引自Martin，2004：124）对指称类型的划分：

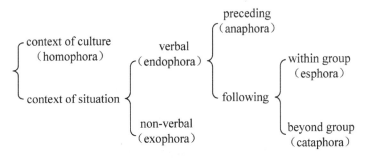

图 4.1　Martin的指称类型划分

Martin（2004：99）将名词性词语分为两大类：非照应类（non-phoric）和照应类（phoric），前者预示参与者的身份不能回找，后者预示参与者的身份可以回找。本文认为，非照应性和照应性的划分，实际上是预设信息源的划分。非照应性词语的预设信息在篇外，或存在于文化语境，或存在于非语言方式的情景语境，因此在篇内不能回找其预设信息（unrecoverable）；照应性词语的预设信息在篇内，或为前指预设信息，或为后指预设信息，在篇内可以回找其预设信息（recoverable）。其对应关系可以梳理如下：（1）首次提及（first mention）的名词性词语多为非照应类名词性词语，其有定性（definiteness）由不定冠词（indefinite article）落实，其预设信息在篇内不可回找；（2）随后提及（subsequent mention）的名词性词语多为照应类名词性词语，其有定性由定冠词（definite article）、代词（pronoun）、指示词（demonstrative）、专有名词（proper noun）等落实，其预设信息在篇内可以回找。

由上可见，英语的定冠词/不定冠词系统与参与者提及的次序，以及预设信息的可回找性具有对应关系。因此，介绍/设指作为参与者指称特征的一个基本标识层位，可以借由定冠词/不定冠词系统来描写参与者的语篇提及次序和预设信息的可回找性。如在 "The boy found a frog. The frog was missing the next morning" 中，"a frog" 可以标识为presenting；"the frog" 可以标识为presuming。

介绍/设指标识层位是一个基本标识层位。可以说，语篇生产者需要对语篇中的每一个参与者进行介绍/设指的标识。第三章例 [11] 中的参与者可以分为介绍和设指两大类：

> presenting: one day, a Hippoptoamus, this man, a gorilla, a baby gorilla, a watch
>
> presuming: I, the zoo, I, Rhinocerous, I, I, him, he, he, I, I, the tiger, him, it, it, Mum, me, It, my, I, it

4.2.1.2 类指/确指标识层位

同介绍/设指一样，类指/确指也是参与者指称特征的基本标识层位。类指指称参与者所在的类别，确指指称参与者所在类别中涉指的某个（些）成员。再来看第三章例 [12]：

> Fifteen per cent of the world's land area consists of **deserts**. **The true hot deserts** straddle the Tropics in both hemispheres. **They** are found on all continents between the latitudes of approximately 15 to 30 degrees, and **they** extend inland from the west coasts to the interiors of these continents. **They** are never found on east coasts in these latitudes as all east coasts receive heavy rain from either on-shore trade winds or monsoons.
>
> **Cool deserts** are found further polewards in the deep interiors of large continents like Eurasia or where mountains form rain-shadows, which keep out rain bearing winds that might otherwise bring wet conditions.
>
> There are five major hot deserts in the world ... **The largest hot desert** extends from the west coast of North Africa eastwards to Egypt and the Red Sea —**this** is the great Sahara that covers 9 million square kilometers ...
>
> （Martin, 2004: 103）

根据参与者标识手段表达式所传递的语法特征和语篇特征，可以进行如下类指/确指的描写：

> **deserts:**Generic / Nominal / Indefinite article
>
> **The true hot deserts:**Generic / Nominal / Definite article
>
> **They:**Generic / Nominal / Pronominal
>
> **Cool deserts:**Generic / Nominal / Indefinite article
>
> **five major hot deserts:**Specific / Nominal / Indefinite article
>
> **The largest hot desert:**Specific / Nominal / Definite article
>
> **this:**Specific / Demonstrative / Proximate

值得注意的是：（1）类指参与者的指称特征标识层位既可由定冠词名词词组（如：the true hot deserts）实现，也可由无冠词名词词组实现（如：deserts/cool deserts）。由此可见，不定冠词/定冠词系统不能用作区分类指参与者提及次序的依据。英语定冠词/不定冠词语法选项在标识类指参与者指称特征时不具备区分意义的主要原因在于：类指参与者的预设信息存在于篇外的文化语境，语篇接受者往往不需要依据语篇上下文语境也能找回标识手段表达式的所指内容；（2）类指参与者的指称特征标识层位既可由单数名词词组实现，也可由复数名词词组来实现。类指没有单、复数之分的主要原因在于：类指参与者的预设信息存在于篇外的文化语境，语篇接受者不需要依据单、复数形式也能确定参与者的类别；（3）类指和确指既可以落实首次提及的参与者，也可以落实再次提及的参与者；（4）定冠词名词词组、最高级名词词组、指示代词、专有名词等，都是传递确指参与者指称特征标识层位的标识手段表达式。

4.2.1.3　比较/非比较标识层位

同介绍/设指、类指/确指一样，比较/非比较也是参与者指称特征的基本标识层位。实现英语参与者比较指称特征的名词词组中的后指示词、数词、修饰语主要有：

> post-deictic: (an) other, same, different, identical, similar
>
> numerative: more, fewer, less, father, additional
>
> so / as +quantifier（much, many, little, few）
>
> equally + quantifier
>
> epithet: such, (an) other, same, different, identical, similar

bigger

so / as / more / less / such + adjective

similarity / identically + adjective

参与者的比较指称特征分为非确指性（not specified）和确指性（specified）两种。当other, same, different, identical, similar等充当post-deictic时、或者当other, same, different, identical, similar, such充当Epithet时，参与者的比较指称特征为非确指性。例如，在名词词组"the **other** four frogs"中，"**other**"为后限定词，因此传递的是非确指性比较指称特征。名词词组"the four **other** frogs"中的"**other**"也同样如此。

比较级量词（comparative quantifiers）和修饰语所传递的参与者比较指称特征为确指性（specified）。例如：在名词词组"the four **bigger** frogs"中，"**bigger**"传递的是确指性比较指称特征。同样，在名词词组"the four **equally big** frogs"中，"**equally big**"传递的也是确指性比较指称特征。

首次提及和随后提及的参与者，都需要给予比较/非比较指称特征的描写，例如：首次提及的"a frog"的指称特征可以描写为：Presenting / -，随后提及的"the frog"的指称特征可以描写为：Presuming / -，首次提及的"a smaller frog"的指称特征可以描写为：Presenting / Comparison，随后提及的"the smaller frog"的指称特征可以描写为：presuming / comparison。

4.2.1.4 根系统参与者指称特征标识层位的汇总

由根系统解析出的参与者指称特征标识层位描写的是：

以比较结构对参与者所在的类别进行首次提及；

以比较结构对参与者类别的涉指部分进行首次提及；

以比较结构对参与者所在的类别进行再次提及；

以比较结构对参与者类别的涉指部分进行再次提及；

以非比较结构对参与者所在的类别进行首次提及；

以非比较结构对参与者类别的涉指部分进行首次提及；

以非比较结构对参与者所在的类别进行再次提及；

以非比较结构对参与者类别的涉指部分进行再次提及。

显然，介绍/设指、类指/确指、比较/非比较这三种基本标识层位远不能满足不同情形的参与者指称特征的标识需要。还需要更为细化的参与者指称特征标识层位才能更为精准地对不同情形的参与者的指称特征进行定位性描写。

4.2.2　衍生系统的参与者指称特征标识层位

从参与者标识体系衍生系统梳理出更为细化的参与者指称特征标识层位，可以从介绍/确指脉络（由介绍/设指和类指/确指交叉形成）和设指/唯指（由设指衍展形成）脉络着手，借此可以析出首次提及和再次提及两大类参与者指称特征标识层位（本文暂不讨论比较/非比较）。

4.2.2.1　介绍/确指脉络的标识层位

图4.2（引自Martin，2004：110）显示的是由介绍和确指衍生的脉络：

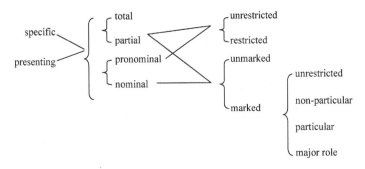

图 4.2　Martin的参与者标识体系（presenting / specific脉络）

如图4.2所示，介绍/确指脉络由total / partial 和 pronominal / nominal 交叉形成partial / pronominal和partial / nominal。前者进一步衍生出unrestricted / restricted；后者进一步衍生出unmarked / unmarked。从而产生以下参与者指称特征标识层位：

（1）由代词实现的涉指成员为部分的首次提及确指性标识层位。

（2）由名词实现的涉指成员为部分的首次提及确指性标识层位。

标识层位（1）可以再分为：

（1）1）由非限制性代词实现的涉指成员为部分的首次提及确指性标识层位。

（1）2）由限制性代词实现的涉指成员为部分的首次提及确指性标识层位。

标识层位（2）可以再分为：

（2）1）由无标记名词实现的涉指成员为部分的首次提及确指性标识层位。

（2）2）由有标记的名词实现的涉指成员为部分的首次提及确指性标识层位。

标识层位（2）2）又可进一步分为：

（2）2）① 由非限制性有标记的名词实现的涉指成员为部分的首次提及确指性标识层位。

（2）2）② 由非特定性有标记的名词实现的涉指成员为部分的首次提及确指性标识层位。

（2）2）③ 由特定性有标记的名词实现的涉指成员为部分的首次提及确指性标识层位。

（2）2）④ 由主要角色有标记的名词实现的涉指成员为部分的首次提及确指性标识层位。

4.2.2.2 设指/唯指脉络的标识层位

图4.3（引自Martin，2004：112）显示的是由设指衍生出的脉络，图4.4（引自Martin，2004：114）显示的是图4.3中undirected的衍展脉络：

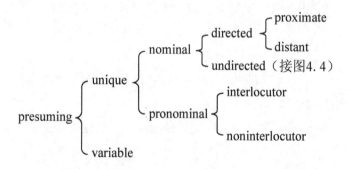

图4.3 Martin的参与者标识体系（presuming / unique脉络）

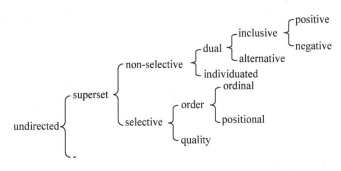

图4.4 Martin的参与者标识体系（undirected脉络）

如图4.3所示，设指/唯指脉络中的unique / pronominal和unique / nominal又分别衍生出nominal / directed、nominal / unirected、pronominal / interlocutor、pronominal / non-interlocutor，从而产生以下参与者指称特征标识层位：

（1）由名词实现的唯指式再次提及的标识层位。

（2）由代名词实现的唯指式再次提及的标识层位。

标识层位（1）可以再分为：

（1）1）由指示词（近距离/远距离）实现的唯指式再次提及的标识层位。

（1）2）由非指示词实现的唯指式再次提及的标识层位。

如图4.4所示，标识层位（1）2）的Superset又可以做以下衍展：

（1）2）① 非可选性包括双重和个体；双重进一步分为包含和可选；可选又可分为肯定和否定。

（1）2）② 可选性包括顺序和质量；顺序进一步分为ordinal 和positional。

标识层位（2）可以细化为：

（2）1）第一、二人称代词实现的唯指式再次提及的标识层位。

（2）2）非第一、二人称代词实现的唯指式再次提及的标识层位。

4.2.2.3　衍生系统参与者指称特征标识层位的汇总

由衍生系统解析出的参与者指称特征标识层位描写的是：

以代词实现的涉指成员为全部的确指性首次提及；

以名词词组实现的涉指成员为全部的确指性首次提及；

以非限制性代词实现的涉指成员为部分的确指性首次提及；

以无标记名词词组实现的涉指成员为部分的确指性首次提及；

以非限制性有标记的名词实现的涉指成员为部分的确指性首次提及；

以非特定性有标记的名词实现的涉指成员为部分的确指性首次提及；

以特定性有标记的名词实现的涉指成员为部分的确指性首次提及；

以主要角色有标记的名词实现的涉指成员为部分的确指性首次提及；

以第一、二人称代词实现的唯指式再次提及；

以非第一、二人称代词实现的唯指式再次提及；

以近指代词名词词组实现的唯指式再次提及；

以远指代词名词词组实现的唯指式再次提及；

以非可选性、单一名词词组实现的唯指式再次提及；

以非可选性、双重、包含名词词组实现的唯指式再次提及；

以非可选性、双重、可换、肯定名词词组实现的唯指式再次提及；

以非可选性、双重、可换、否定名词词组实现的唯指式再次提及；

以可选性、质量名词词组实现的唯指式再次提及；

以可选性、次序、序数词名词词组实现的唯指式再次提及；

以可选性、次序、位置名词词组实现的唯指式再次提及。

4.2.3 参与者指称特征标识层位的梳理

本文按照Martin参与者标识体系的衍展层次，对英语参与者指称特征标识层位梳理如下（以缩进两个字符表示"被进一步细分为"，以粗体部分表示梳理后形成的19个参与者指称特征标识层位）

presenting/specific/pronominal/total

presenting/specific/pronominal/partial

presenting/specific/pronominal/partial/unrestricted

presenting/specific/pronominal/partial/restricted

presenting/specific/nominal/total

presenting/specific/nominal/partial

presenting/specific/nominal/partial/unmarked

presenting/specific/nominal/partial/marked

presenting/specific/nominal/partial/marked/unrestricted

presenting/specific/nominal/partial/marked/nonparticular

presenting/specific/nominal/partial/marked/particular

presenting/specific/nominal/partial/marked/major role

presuming/unique

presuming/unique/pronominal

presuming/unique/pronominal/interlocutor

presuming/unique/pronominal/noninterlocutor

presuming/unique/nominal

presuming/unique/nominal/directed

presuming/unique/nominal/directed/proximate

presuming/unique/nominal/directed/distant

presuming/unique/nominal/undirected

presuming/unique/nominal/undirected/superset

presuming/unique/nominal/undirected/superset/non-selective

presuming/unique/nominal/undirected/superset/ nonselective/ individuated

presuming/unique/nominal/undirected/superset/non-selective/dual

presuming/unique/nominal/undirected/superset/nonselective/ dual/inclusive

presuming/unique/nominal/undirected/superset/non-selective/dual/ alternative

presuming/unique/nominal/undirected/superset/non–selective/ dual/alternative/positive

presuming/unique/nominal/undirected/superset/non–selective/ dual/alternative/negative

presuming/unique/nominal/undirected/superset/selective

presuming/unique/nominal/undirected/superset/selective/ quality

presuming/unique/nominal/undirected/superset/selective/Order

presuming/unique/nominal/undirected/superset/selective/order/ ordinal

presuming/unique/nominal/undirected/superset/selective/order/
positional

4.3 参与者指称特征标识层位的
补充和修正

语篇中的参与者随着及物性过程的推进会被再次或多次提及，提及次序的不同可以导致参与者指称特征的不同。实例观察语篇中不同情形参与者的指称特征标识情况，有助于进一步补充和完善参与者指称特征标识层位体系，以增强其对语篇参与者指称特征的覆盖性。

4.3.1 实例观察

例 [1] — [7] 中首次提及和再次提及的参与者均以粗体标出。

[1] **We** called at **Malta**, a curious town where there is nothing but churches, and the only sound of life is the ringing of church bells. **The whole place** reminded me of the strange towns one often sees in the nightmares of delirium.

As soon as **the ship** anchored, a regular battle began between **the boatmen** for possession of **the passengers**. These **unhappy creatures** were hustled hither and thither, and finally **one**, waving **his arms** like a marionette unhinged, lost **his balance** and fell back into **a boat**. It immediately bored **him** off with a cry of triumph, and **the defeated boatman** revenged **himself** by carrying off **his luggage** in a different direction. All this took place amid a hail of oaths in Maltese with many suggestive Arab words intermingle.

The young priest in the second class, freshly hatched out of the seminary, turned vividly pink, and the good nuns covered their faces with their veils and fled under the mocking gaze of an old bearded missionary, who wasn' t be upset by such trifles.

I did not go ashore, for getting back to **the ship** was too much of a problem. **Some passengers** had to pay a veritable ransom before they could return. **Two French sailors**, who had got mixed up with churches when looking for a building of quite another character, solved the matter very simply by throwing **their grasping boatman** into the sea. A few strokes with the oars, and **they** were alongside, and as **a tug** was just leaving **they** tied the little boat to **it**, to the accompaniment of indignant shrieks from **the owner** as **he** floundered in the water.

(Landing at Malta by Henry De Monfreid)

[2] **One type of professor** assumes, legitimately enough, that **her function** is to pass on to students that vast store of knowledge she has acquired. But because **the "Knowledgeable One"** regards **herself** as an expert and **her students** as the ignorant masses, **she** adopts an elitist approach that sabotages learning. **The Knowledgeable One** enters a lecture hall with a self-important air, walks to the podium, places **her yellowed-with-age notes** on the stand, and begins her lecture at the exact second the class is officially scheduled to begin.

Then there is **the professor** who comes across as **the students' "Buddy"**. **This kind of professor** does not see **himself** as **an imparter of knowledge** or a leader of discussion but as a pal, just one in a community of equals.

(*The Truth About College Teachers*)

[3] He had found means of disposing of the silver bars in distant ports. The necessity to go far afield made his coasting voyages long, and caused his visits to the Viola household to be rare and far between. He was fated to have his wife from there. He had said so once to **Giorgio himself**. But **the Garibaldino** had put the subject aside with a majestic wave of **his hand**, clutching a smouldering black briar-root pipe. There was plenty of time; **he** was not the man to force **his girls** upon anybody.

As time went on, Nostromo discovered his preference for **the younger of the two**. They had some profound similarities of nature, which must exist for complete confidence and understanding, no matter what outward difference of temperament there may be to exercise their own fascination of contrast. His wife would have to know his secret or else life would be impossible. He was attracted by **Giselle**, with **her candid gaze and white throat**, pliable, silent, fond of excitement under **her quiet indolence**; where **Linda**, with her intense, passionately pale face, energetic, all fire and words, touched with gloom and scorn, a chip off the old block, **true daughter of the austere republican**, but with Teresa's voice, inspired him with a deep-seated mistrust. However, **the poor girl** could not conceal **her**

love for Gian's Battista. He could see it would be violent, exacting, suspicious, uncompromising-like **her soul**. Giselle, by **her fair but warm beauty**, by the surface placidity of **her nature** holding a promise of submissiveness, by the charm of **her girlish mysteriousness**, excited his passion and allayed his fears as to the future.

(*Nostromo* by Joseph Conrad)

[4] After thirty years of married happiness, **he** could still remind himself that Victoria was endowed with every charm except the thrilling touch of human frailty. Though her perfection discouraged pleasures, especially the pleasures of love, **he** had learned in time to feel the pride of a husband in her natural frigidity. For he still clung, amid the decay of moral platitudes to the discredited ideal of chivalry. ···**Virginius Littlepage, the young son of an old and affluent famly**, had married Victoria Brook.

(*A Perfect Wife* by Ellen Glasgow)

[5]

Here are my <u>two white silk carves</u>.
{
Where are **yours**?

I used to have **three**.

Can you see any **black**?

Or would you prefer **the cotton**
}

(Halliday & Hasan, 2001: 150)

[6] Ray's heart leapt as **an old sedan** that appeared to be burning oil pulled in, a "Just Married" sign on its rear bumper. Breathing hard, he crawled closer to the edge of the woods. Not

great. But older models were easier to hot-wire, and they were rarely equipped with alarm systems. He could grab **a better rider later.**

Below him, **the bride and groom** got out and ran, laughing, to the back of the car. That's it, he urged. Hurry. But even as the plea formed in Ray's mind, **the young groom** stopped dead in his tracks. Groaning loudly, he threw his hands in the air.

"I'm going to strangle that brother of mine," **he** boomed, his voice echoing in the empty lot. Reaching out, he ripped the "Just Married" sign off the rear bumper, then opened the trunk and tossed it inside. It wasn't bad enough that the toilet-papered the car. How'd he manage to stick that dippy sign on there without us seeing it?"

"I don't know," **the woman** laughed." But if you ask me, all the practical jokers of the world should be locked up." Suddenly **she** stilled, listening. "Hey, what's with the dogs?"

......

The instant **they**'d gong inside, Ray bolted for the car. He had it hot-wired in seconds.

(*Just a Little Joke* by Edie Hanes)

[7] For a time **we corresponded,** and her letters were the highlight of those grinding, endless years. Once **she** sent me a snapshot of herself in a bathing suit, which drove me to the wildest of fantasies. **I** mentioned the possibility of marriage in **my next letter,** and almost immediately her replies became less frequent, less personal.

(*First Love* by John Walters)

使用上节梳理的参与者指称特征标识层位考察以上例文中粗体标注的参与者指称特征，会引发如下思考：如何标识例[1]中自叙者"**We**"？如何标识例[1]的地名"**Malta**"和例[3]中的人名"**Giselle**"？如何标识例[1]中首次提及的定冠词名词词组"**the ship**"和再次提及的定冠词名词词组"**the ship**"？如何标识例[2]中的领属形容词名词词组 "**her function**"和"**her students**"？如何标识例[1]中的反身代词"**himself**"以及例[4]中首次提及的第三人称代词"**he**"？还有例[2]中的"**the younger of the two**"，例[3]中的"**the Garibaldino**"，例[2]中的"**an imparter of knowledge**"，以及例[3]中的"**true daughter of the austere republican**"等等。由此得出的初步结论是，语篇层面的参与者指称特征的复杂性显然超过了我们所梳理的参与者指称特征标识层位的覆盖范围。至少还需要解决以下几种情形的参与者标识问题：

1. 对自叙者"we"、"I"、以及类指代词"we"的标识

第一人称代词"we"和"I" 常见于自叙体语篇。虽然是首次提及，但其预设信息因与作者有关而具有可回找性。首次提及和再次提及的"we"和"I"应该描写为"设指"，而不是"介绍"。同样，类指代词"we"的预设信息存在于文化语境，也具有可回找性，因此同样应该描写为"设指"，而不是"介绍"。

2. 对专有名词的标识

专有名词（尤其是人名专有名词）常见于叙述语篇。虽然是首次提及，但其预设信息因存在于语篇生产者和接受者共知（至少语篇生产者假定如此）的文化语境之中而具有可回找性。首次提及和再次提及的专有名词应该描写为"设指"，而不是"介绍"。

3. 对首次提及的定冠词名词词组的标识

定冠词名词词组也是常见的首次提及参与者标识手段。虽然是首次提及,但定冠词名词词组的预设信息因存在于语篇上下文语境而具有可回找性。因此,部分首次提及的定冠词名词词组应该描写为"设指",而不是"介绍"。

4. 对首次提及的第三人称代词的标识

Martin参与者标识体系的介绍/确指脉络中,没有涉及首次提及的第三人称代词的标识。在语料考察中我们发现,首次提及的参与者标识手段也可以是第三人称代词。通常,我们无法从上文获取首次提及第三人称代词的预设信息,其预设信息源往往由随后出现的具有同指性的专有名词来提供,这正是第三人称代词起始的参与者标识链与第一人称代词起始的参与者标识链的主要区别所在——前者的预设信息源存在于下文,后者的预设信息源存在于篇外语境(即自叙者)。

图4.5显示的是例[4]中由第三人称代词"he"引发的参与者标识链:

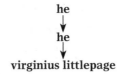

图4.5 第三人称代词引发的参与者标识链示例

5. 对相关性名词词组的标识

本文把涉及两个参与者的名词词组称为相关性名词词组。相关性名词词组的情况较为复杂,以下几种相关性情形较为典型:

（1）"领属"相关性名词词组

以例［2］中"one type of professor"为例，由其引发的参与者标识链可图示如下。见Chains 1：

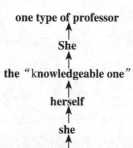

图4.6　名词词组引发的语篇参与者标识链示例

在chains 1中，所指称的参与者是"知识传授者类型的教授"。这个参与者被标识手段表达式**one type of professor**首次提及后，在下文中又先后被标识手段表达式**she，the"knowledgeable one"，herself，she，the knowledgeable one，an imparter of knowledge**再次提及。七次提及所使用的参与者标识手段可能会有所不同，但它们指称的却是同一个的参与者——"知识传授者类型的教授"。

如果换成语篇成分衔接的角度来考察，我们会得到一个由chains 1扩展而来的chains 2（增加了4个衔接成分）：

在chains 2上，除了Chains 1上原有的七个表达式，还多了四个表达式（**her function、her students、her yellowed-with-age notes、her lecture**）。这四个表达式中的领属形容词her与其他七个表达式具有语义上的关联，因此具有语义照应关系（Martin，2004；Halliday &

Hasan，1976；Halliday，1985；Hoey，2003）。本文认为，chains 2属
于语篇成分衔接链（Halliday & Hasan，1976）或指称链（Martin，
2004），但不属于参与者标识链。因为，虽然增加的四个表达式中的
her与其他七个表达式具有语义上的关联，但是这四个表达式（**her
function、her students、her yellowed-with-age notes、her lecture**）
指称的却是四个不同的参与者，而不是那七个表达式所共指的参与
者——"知识传授者类型的教授"（见图4.7）。

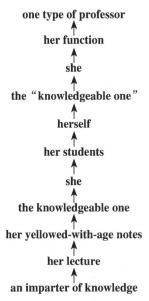

chains 2

one type of professor

her function

she

the "knowledgeable one"

herself

her students

she

the knowledgeable one

her yellowed-with-age notes

her lecture

an imparter of knowledge

图4.7 名词词组引发的语篇成分衔接链示例

如果我们假设**one type of professor、she、the "Knowledgeable
one"、herself、she、the knowledgeable one、an imparter of
knowledge**等七个表达式所共指的参与者为P，其首次和再次提及的
表达式代码分别为P1、P2、P3、P4、P5、P6、P7，那么，**her function、
her students、her yellowed-with-age notes、her lecture** 指称的参与

者为PX（X为变量），这四个表达式的代码则分别为PX1（指称"知识传授者类型教授"的作用）、PX2（指称"知识传授者类型教授"的学生）、PX3（指称"知识传授者类型教授"的讲稿）、PX4（指称"知识传授者类型教授"的授课）。chains 1 和chains 2可以换成相应的代码表达式chains 1' 和chains 2'：

chains 1' 和chains 2' 可以使我们较为直观地发现参与者标识链与语篇成分衔接链或指称链的不同——chains 1'上的7个表达式指称的是同一个参与者；而chains 2'上的11个表达式指称的却是5个不同的参与者。表达式**PX1、PX2、PX3、PX4**的共同特点是：都是带有领属形容词的名词词组，且都涉及两个参与者——表达式中的领属形容词**her**涉及上文以提及的参与者P，而表达式本身指称的却是其他参与者。本文将这类名词词组称为"领属形容词"相关性名词词组（见图4.8）。

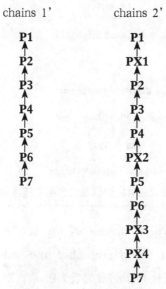

图4.8　语篇参与者标识链与语篇成分衔接链对比示例

有时，"领属形容词"相关性名词词组本身可以引发一个新的参与者标识链。例 [1] 中的 **"their grasping boatman"** 是一个涉及两个参与者的"领属形容词"相关性名词词组——表达式中的 **"their"** 涉及的是参与者 **"two French sailors"** ，而表达式 **"their grasping boatman"** 本身指称的是两个水手所遇到的贪婪的船主。值得注意的是，表达式 **"their grasping boatman"** 本身指称的参与者又被两次提及（**the owner, he**），从而形成了由"领属形容词"相关性名词词组引发的参与者标识链。见图4.9 chains 3和chains 4：

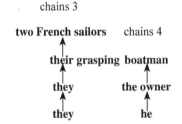

图4.9　"领属"相关性名词词组引发的语篇参与者标识链示例

那么，"领属形容词"相关性名词词组的指称特征应如何标识？

仍以"their grasping boatman"为例。"their grasping boatman"所指称的参与者与"two French sailors"、"they"、"they"所指称的参与者不同，"their"可以视为能够回找其所在表达式所指称的参与者的预设信息源。因此，"领属形容词"相关性名词词组所指称的参与者可以标识为具有"设指"指称特征的首次提及参与者。除了"领属形容词"相关性名词词组外，"名词所有格"名词词组同也属于"领属"类相关性名词词组。

（2）"成员"相关性名词词组

再来观察另外一类涉及两个参与者的名词词组。在例 [2] 中，作者除了介绍"知识传授者"式教授（见上文中的chains 1）外，还介绍了"朋友"式教授。该参与者被首次提及（**the professor**）后，在下文中又先后4次被再次提及（**the students'"Buddy"**、**himself**、**a pal**、**one**）。5次提及构成了参与者标识链chains 5（见图4.10）：

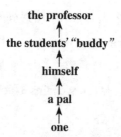

图4.10　"成员"相关性名词词组引发的语篇参与者标识链示例

指称两种教授的参与者标识手段表达式"**One type of professor**"和"**the students''Buddy'**"之间显然具有一定的语义关联。见图4.11 chains 1和chains 5：

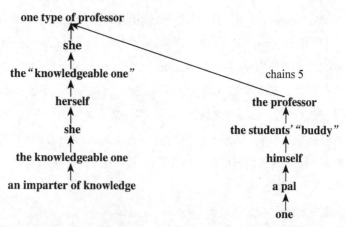

图4.11　"引发语篇参与者标识链的名词词组之间的"成员"关系示例

　　本文认为，从词汇衔接角度来看，chains 1上的首次提及表达式（**one type of professor**）和chains 5上的首次提及表达式（**the professor**）具有语义衔接关系（Haliday, 1976、1985; Hoey, 2003）。然而，从参与者标识角度来看，两个表达式虽然都涉及教授（**professor**）这个类别，但是它们所指称的却不是同一个参与者。由于涉及一个共同的参与者——教授（P），"**one type of professor**"和"**the professor**"作为教授这一类别中的两个成员，可以标为PX1（指称"知识传授者"类型的教授）和PX2（指称"朋友"类型的教授）。见图4.12：

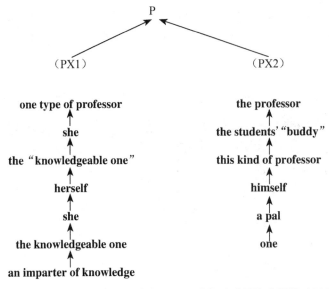

图4.12　引发语篇参与者标识链的名词词组"类别/成员"隶属关系示例

　　本文把"**the professor**"称作"成员"相关性名词词组。由于"成员"相关性名词词组与上文中的另一个名词词组涉及同一个参与者类别，这就为其提供了部分预设信息。因此，"成员"相关性名词词组所指称的参与者也应该标识为具有"设指"指称特征的首次提及参与者。

（3）"省略"、"替代"相关性名词词组

除了"领属形容词"相关性名词词组和"成员"相关性名词词组外，有所省略的名词词组也涉及两个参与者。例[5]中的粗体部分被Halliday & Hasan称作"名词性省略"。两位作者认为："某种情况下，中心词的功能由其他修饰成分来完成，这就是所谓的名词性省略"（Halliday & Hasan，2001：147）。在省略的名词词组中，中心词被省略，由其他修饰成分（限定词、数词、修饰语、类别词）代替。可以说，任何一个由修饰成分来充当中心词的名词性词组，都可以称其为省略的名词词组（Halliday & Hasan，2001：148）。名词性省略意味着修饰成分由修饰位置升级到中心词位置。任何跟在升级至中心词位置的修饰成分后面的成分都可以被省略，省略顺序的为"d-n-e-c"（见表4.1）。

表4.1　　　　　　Halliday & Hasan的名词性省略示例

名词词组	"省略"名词词组	被省略部分
Here are my two white silk carves	Where are yours?	scarf,silk,two and white
	I used to have three.	scarf,silk and white
	Can you see any black?	scarf and silk
	Or would you prefer the cotton?	scarf

从参与者标识角度出发，本文把"yours（scarf、silk、two and white）"、"three（scarf、silk and white）"、"black（scarf and silk）"、"the cotton（scarf）"称为"省略"相关性名词词组。它们各自所指称的参与者均与"my two white silk carves"所指称的参与者不同。

（4）"比较"相关性名词词组

再来考察另外两种相关性名词词组，见例[6]，首先来看第一段里的两个表达式："an old sedan"和"a better rider later"，显然，第二个表达式所指称的参与者与第一个表达式所指称的参与者并不等同。第二个表达式以比较级结构建立了与第一个表达式之间的"同类不同物"关系，我们称第二个表达式为"比较"相关性名词词组。

（5）"合/分或分/合相关性结构"及"合/分或分/合相关性名词性词语"

还有一种相关性情形。表达式"the young groom"和"the woman"指称的是表达式所指称的新郎和新娘；接着，"they"又合指前面的"the young groom"和"the woman"。本文将这种结构称为"合/分或分/合相关性结构"，将其中相关联的表达式称为"合/分或分/合相关性名词性词语"（见图4.6）。

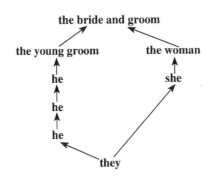

图 4.13　"合/分或分/合"相关性结构示例

（6）"选择"相关性名词词组

还存在一种与上述不同的相关性情形。在例 [7] 中，从"we corresponded"来看，"I"和"she"有很多通信来往。"my next letter"对其中一封进行了定位——"she"给我寄来快照后所回的那封信。本文把这种表示次序的表达式称为"选择"相关性名词词组。

4.3.2 补充与修正

以上实例观察和分析显示，原有的参与者指称特征标识层位仍不足以满足语篇动态发展中的参与者指称特征标识要求。我们需要回到参与者标识的理论层面，去寻找有待完善之处并进行必要的补充和修正，以增加其对语篇层面参与者标识现象的解释力。

比较有助于揭示事物的本质和特征。本文尝试通过厘清参与者标识链与指称链的本质区别来确立参与者标识链的属性和鉴别性特征。本文以Martin指称链结构图（Martin，2004 ：148）为例，以示例为目的，只取其中一部分，作为指称链示例图（见图4.7）。之后对其进行了整合，以使其兼具照应性和同指性。于是得到了参与者指称链示例图（见图4.8）：

Tommy
his
pet frog
he
the frog
Tommy
another（Φ）
the baby frog

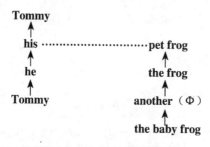

图4.14　Martin的指称链示例

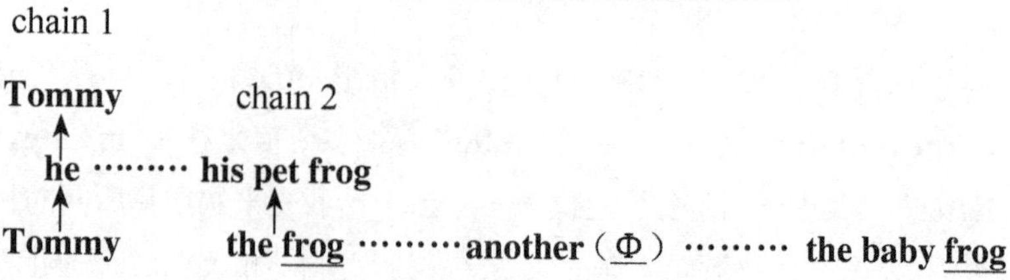

chain 1
Tommy
chain 2
he
his pet frog
Tommy
the frog
another（Φ）
the baby frog

图4.15　参与者标识链示例

对图4.7中的指称链进行整合后可以得到图4.8中的两个具有同指性的参与者标识链（见图4.8中的chain 1和chain 2）和四个不同的参与者（**Tommy, his pet frog, another（Φ）, the baby frog**）。

可以断定：图4.8中的chain1是从参与者角度出发的参与者标识链。那么，图4.8中的chain 2以及**another（Φ）**和**the baby frog**是什么？应该怎样标识其指称特征？Martin的参与者标识体系不能提供chain 2以及**another（Φ）**和**the baby frog**的指称特征标识层位。本文尝试增加了一组介于首次提及和再次提及之间的"相关性首次提及"的参与者指称特征标识层位。所谓"相关性"是指：一个表达式的部分预设信息存在于上文已提及的某一表达式中；所谓"相关性首次提及"是指：该表达式指称的是一个新的参与者，却又可以从上文已提及的某一表达式中获得部分释义。如：表达式"**his pet frog**"中"**his**"的预设信息存在于上文中的表达式"**Tommy**"，但整个表达式"**his pet frog**"指称的却不是"**Tommy**"，而是与"**Tommy**"相关的且为首次提及的"**pet frog**"。值得注意的是，这种"相关性首次提及"表达式所指称的参与者也会被再次或多次提及，从而形成自己的参与者标识链。

至此，"相关性首次提及"应该可以回答"图4.8中的chain 2以及**another（Φ）**和**the baby frog**是什么"的问题。本文把图4.8中chain 2这种由"相关性首次提及"表达式引发的参与者标识链，称做"相关性首次提及参与者标识链"。chain 2和chain 1一样，都属于兼具同指性和照应性的参与者标识链。未引发参与者标识链的"**another（Φ）**"和"**the baby frog**"则称为"相关性首次提及参与者标识手段表达式"。

还需要回答的一个问题是：图4.7所示的Martin的指称链示例为什么不属于参与者标识链？本文试图从Martin归纳的三种照应关系

中寻找答案。这三种照应关系分别是：提示性照应，相关性照应和冗余性照应（Martin, 2004：99-100）。其中，相关性照应关系和冗余性照应关系主要由结构性衔接实现，其特点是：预设性成分与被预设性成分可能是相同的词语，但是并不一定是相同的实体。相关性照应关系可以通过形容词或副词的比较级或最高级等语法策略来实现，冗余性照应关系可以通过替代或省略等语法策略来实现。提示性照应关系的特点是：指称词与所指是同一个实体。据此，本文把参与者标识链的定义修正为：由落实参与者（引入语篇的经验实体）首次、再次或多次提及标识手段表达式构成的、兼具同指性和提示性照应关系的指称链。

显然，图4.7所示的Martin的指称链示例中，同时存在着三种照应关系，这意味着这个指称链上所指称的不只是一个经验实体（参与者），因此，图4.7所示的Martin的指称链示例自然不属于参与者标识链。从这个意义上讲，Martin的指称链结构不能精准体现某一特定参与者在语篇发展中的再次或多次提及标识手段的动态选择情形。更准确来讲，Martin的指称链类似从语义衔接角度出发的成分衔接纽带网。

补充一组"相关性首次提及参与者指称特征标识层位"，可以剥离Martin指称链上的相关性照应和冗余性照应，并以"相关性首次提及参与者标识链"和"相关性首次提及参与者标识手段表达式"解决了剥离后的问题，从而进一步确定了参与者标识链的鉴别性属性——同指性。同时也增加了参与者标识体系的覆盖性。

在Martin参与者标识体系同样也可以找到增加"相关性首次提及"参与者指称特征标识层位的理由。从首次提及和再次提及的视角对该标识体系进行考察可以发现几处标识界限模糊不清的地方：

（1）被Martin视为再次提及的设指/唯指脉络，所提供的并非全是再次提及的参与者指称特征标识层位。其中，由undirected / superset / selective展开的一组参与者指称特征标识层位更精准来讲应该介于首次提及和再次提及之间，而非绝对意义上的再次提及：

> presuming / unique / nominal / undirected / superset / selective / quality
>
> presuming / unique / nominal / undirected / superset / selective / order / ordinal
>
> presuming / unique / nominal / undirected / superset / selective / order / positional

（2）被Martin视为可以出现于首次提及也可以出现于再次提及比较脉络，并不能提供首次提及的参与者指称特征标识层位。

基于以上分析，本文对Martin参与者标识体系进行了以下补充和修正：将参与者指称特征标识层位由原来的两类（首次提及类和再次提及类）扩至三类（首次提及类、相关性首次提及类、再次提及类）。通过语料观察共总结出了八种"相关性首次提及参与者标识手段"：

> "合/分"相关性名词词组：
>
> presuming/relevance/join-split
>
> "名词所有格"相关性名词词组：
>
> presuming/relevance/nominal/possessive case/one's
>
> "领属形容词"相关性名词词组：
>
> presuming/relevance/nominal/possessive case/possessive adjective
>
> "省略"相关性名词词组：

presuming/relevance/nominal/co-classification/ellipsis

"替代"相关性名词词组：

presuming/relevance/nominal/co-classification/substitution

"选择"相关性名词词组：

presuming/relevance/nominal/co-classification/selective

"比较"相关性名词词组：

presuming/relevance/nominal/co-classification/comparison

"成员"相关性名词词组：

presuming/relevance/nominal/co-classification/member

本文对英语参与者指称特征标识层位的补充和修正主要遵循以下原则：

（1）以首次提及、相关性首次提及、再次提及为视角进行分类；

（2）视整个名词词组（而不是名词词组中的一部分）为参与者标识手段表达式；

（3）再次提及标识手段表达式与首次提及标识手段表达式必须具有同指关系。

本文尝试将参与者指称特征标识层位补充修正为：

1. 首次提及

presenting/generic/pronominal

presenting/generic/nominal

presenting/specific/total/pronominal

presenting/specific/total/nominal

presenting/specific/partial/pronominal/unrestricted

presenting/specific/partial/pronominal/restricted

presuming/unique/pronominal/interlocutor/personal

presuming/unique/pronominal/non-interlocutor/personal

presuming/unique/proper noun/definite article

presuming/unique/proper noun/no article

presuming/unique/nominal/definite article

presenting/specific/nominal/partial/unmarked

presenting/specific/nominal/marked/partial/unrestricted

presenting/specific/nominal/marked/partial/non-particular

presenting/specific/nominal/marked/partial/particular

presenting/specific/nominal/marked/partial/major role

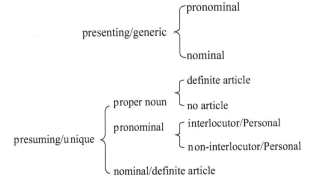

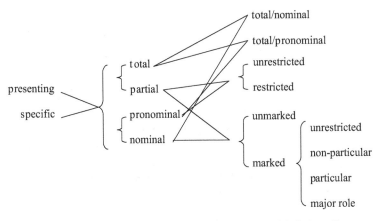

图4.16　补充修正后的首次提及参与者指称特征标识层位

2. 再次提及

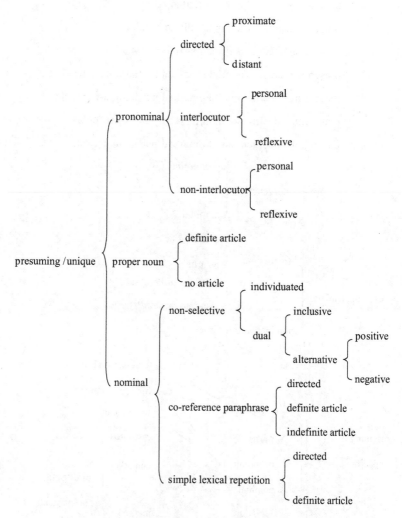

图4.17 补充修正后的再次提及参与者指称特征标识

presuming/unique/proper noun/definite article

presuming/unique/proper noun/no article

presuming/unique/pronominal/interlocutor/personal

presuming/unique/pronominal/interlocutor/reflexive

presuming/unique/pronominal/non-interlocutor/personal

presuming/unique/pronominal/non-interlocutor/reflexive

presuming/unique/pronominal/directed/proximate

presuming/unique/pronominal/directed/distant

presuming/unique/nominal/simple lexical repetition/directed

presuming/unique/nominal/simple lexical repetition/definite article

presuming/unique/nominal/co-reference paraphrase/directed

presuming/unique/nominal/co-reference paraphrase/definite article

presuming/unique/nominal/co-reference paraphrase/indefinite article

presuming/unique/nominal/co-reference paraphrase/no article

presuming/unique/nominal/non-selective/individuated

presuming/unique/nominal/non-selective/dual/inclusive

presuming/unique/nominal/non-selective/dual/alternative/positive

presuming/unique/nominal/non-selective/dual/alternative/negative

3. 相关性首次提及

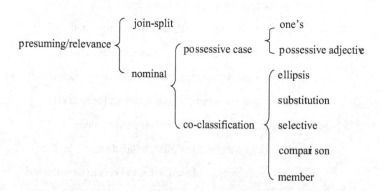

图4.18 补充修正后的相关性首次提及参与者指称特征标识层位

presuming/relevance/join-split

presuming/relevance/nominal/ possessive case/one's

presuming/relevance/nominal/ possessive case/ possessive adjective

presuming/relevance/nominal/co-classification/ellipsis

presuming/relevance/nominal/ co-classification /substitution

presuming/relevance/nominal/co-classification/selective

presuming/relevance/nominal/co-classification/comparison

presuming/relevance/nominal/co-classification/member

4.4 参与者标识手段系统的确立

如果说参与者指称特征标识层位是参与者指称特征的定位性量化描写，那么，参与者标识手段就是参与者指称特征的语法标识手段。每个参与者指称特征标识层位都有其相对应的参与者标识手段。以下是本文依据补充修正后的参与者标识层位所确立的一套参与者标识手段系统。

4.4.1　首次提及参与者标识手段

"类指"人称代词：

presenting/generic/pronominal

"类指"名词词组：

presenting/generic/nominal

"全部"代词：

presenting/specific/pronominal/total

"全部"名词词组：

presenting/specific/nominal/total

"部分/非限制"代词：

presenting/specific/pronominal/partial/unrestricted

"部分/限制"代词：

presenting/specific/pronominal/partial/restricted

第一人称代词：

presuming/unique/pronominal/interlocutor/personal

第三人称代词：

presuming/unique/pronominal/non-interlocutor/personal

"定冠词"专有名词：

presuming/unique/proper noun/definite article

"无冠词"专有名词：

presuming/unique/proper noun/no article

"定冠词"名词词组：

presuming/unique/nominal/definite article

"无标记"名词词组：

presenting/specific/nominal/partial/unmarked

"有标记/部分/非限制"名词词组：

presenting/specific/nominal/marked/partial/unrestricted

"有标记/部分/非特定"名词词组：

presenting/specific/nominal/marked/partial/non-particular

"有标记/部分/特定"名词词组：

presenting/specific/nominal/marked/partial/particular

"有标记/部分/首要"名词词组：

presenting/specific/nominal/marked/partial/major role

4.4.2 相关性首次提及参与者标识手段

"合/分"相关性名词词组：

presuming/relevance/join-split

"名词所有格"相关性名词词组：

presuming/relevance/nominal/possessive case/one's

"领属形容词"相关性名词词组：

presuming/relevance/nominal/possessive case/possessive adjective

"省略"相关性名词词组：

presuming/relevance/nominal/co-classification/ellipsis

"替代"相关性名词词组：

presuming/relevance/nominal/co-classification/substitution

"选择"相关性名词词组：

presuming/relevance/nominal/co-classification/selective

"比较"相关性名词词组：

presuming/relevance/nominal/co-classification/comparison

"成员"相关性名词词组：

presuming/relevance/nominal/co-classification/member

4.4.3　再次提及参与者标识手段

"定冠词"专有名词：

presuming/unique/proper noun/definite article

"无冠词"专有名词：presuming/unique/proper noun/no article

第一人称代词：

presuming/unique/pronominal/interlocutor/personal

第一人称反身代词：

presuming/unique/pronominal/interlocutor/reflexive

第三人称代词：

presuming/unique/ pronominal/non-interlocutor/personal

第三人称反身代词：

presuming/unique/pronominal/non-interlocutor/reflexive

"近指"代词：presuming/unique/nominal/directed/proximate

"远指"代词：presuming/unique/nominal/directed/distant

"指示词/简单重复"名词词组：

presuming/unique/nominal/simple lexical repetition/directed

"定冠词/简单重复"名词词组：

presuming/unique/nominal/simple lexical repetition/definite article

"指示词/同指换说"名词词组：

presuming/unique/nominal/co-reference paraphrase/directed

"定冠词/同指换说"名词词组：

presuming/unique/ nominal/co-reference paraphrase/definite article

"不定冠词/同指换说"名词词组：

presuming/unique/nominal/co-reference paraphrase/Indefinite article

"无冠词/同指换说"名词词组：

presuming/unique/nominal/co-reference paraphrase/no article

"非选择"名词词组（each）：

presuming/unique/nominal/non-selective/individuated

"非选择"名词词组（both）：

presuming/unique/nominal/non-selective/dual/inclusive

"非选择"名词词组（either）：

presuming/unique/nominal/non-selective/dual/alternative/positive

"非选择"名词词组（neither）：

presuming/unique/nominal/non-selective/dual/alternative/negative

4.5　小结

　　参与者指称特征、参与者指称特征标识层位、参与者标识手段，以及参与者标识手段四个表达式之间的关系可以描述为：参与者指称特征是参与者标识的表征，其表现形式具有三个层面，一是用于表述参与者指称特征的标识层位，二是用于标识参与者指称特征的语法手段，三是用于传递参与者指称特征的语言表达式。本章所做的一个重要尝试是：对Martin参与者标识体系进行了解析并从中梳理出一套参与者指称特征标识层位，以此为基础结合实例观察最终形成了由首次提及、相关性首次提及、再次提及组成的参与者标识手段系统，为接下来的英汉参与者标识手段的静态和动态对比研究奠定了基础。

第五章／英汉参与者标识手段静态对比研究

本章将进行英汉参与者标识手段静态对比研究。先通过实例观察得出关于英汉参与者标识手段对应性的初步结论，再进行基于叙事语篇英汉翻译对等语料的参与者标识手段对应率的统计。对统计结果中对应率较低的参与者标识手段进行进一步的语料考察，针对英汉参与者标识手段的不对应情形进行解释性分析。

5.1 对应率语料统计及分析

5.1.1 实例观察

5.1.1.1 对应性实例观察

"为对应（corresponding）下定义不是件易事，尤其是语际之间的结构对应。这是所有对比语言理论必须回答的问题……在短语层面, 这个问题更为复杂。问题在于: 不同的语言有时虽然语言形式类似, 但其意义和功能却不同; 而有时, 不同语言中形式不同的结构成分却实现了语法系统中相同的意义和功能。"(Van Valin & Lapolla, 2004: 22-23) 本节将考察标识同一个语篇参与者的英汉语言表达式的对应性, 即: 英语语篇中的参与者标识手段与其汉译文中相应的参与者标识手段之间的对应情形。本文将对应(formal equivalence)标准设定为: 在标识同一个语篇参与者时, 英汉使用相同类别的标识手段(如: 专有名词、代词、名词词组), 且代词类型相同或名词词组结构中可选修饰成分对应。

本文选用第四章中的例[1]、例[2]、例[3]及其汉译文(标注为[1]'、[2]'[3]')作为初步考察的英汉翻译对等语料, 将例文中参与者标识手段表达式(英语及其汉语对应体)成对列出, 并使用参与者指称特征标识层位对其进行指称特征(语法特征和语篇特征)的描写, 旨在呈现英语参与者标识手段表达式与其汉语对应体的对应情形, 为形成初步结论提供语言事实依据。

[1]' **我们**在**马耳他**稍作停留。这是个奇怪的小镇, 镇里除了教堂还是教堂, 而唯一显示生命迹象的声音也就是教堂的钟声。**这整个地方**让我想起人在精神错乱时做的噩梦中所见到的奇怪城镇。

轮船一抛锚, 反复上演的**船老板**之间争夺**乘客**的大战就开始了。**不幸的旅客们**被推来搡去, 直至最后**其中一位**像断了线的木偶一样**(他的)手臂**乱舞, 终于失了**(他的)重心**, 仰面翻入**一艘船**内。随着一声欢呼, **这船**立即载之而去。失利方的船老大于是载着他的**行李**往另一方向划走, 算是**(为自己)**报了一箭之仇。伴随着这一切的, 是乱糟糟的马耳他语的咒骂声, 中间夹杂着许多污秽的阿拉伯语。

二等舱里是刚出校门**未涉世事的牧师**, 见此脸涨得通红, 虔诚的修女们用面纱挡住脸，狼狈逃离，一位蓄着山羊须的老传教士用嘲弄的目光看着她们。他可不会为这种小事大惊小怪。

　　我没有上岸，因为返回**轮船**是一个棘手的难题。**有些乘客**不得不付出结结实实一笔赎金（**他们**）才得以返回。**两个法国水手**本要寻找什么地方，却误入了教堂迷阵。他们解决问题的办法很简单，把（**他们的**）**漫天要价的船老大**往水里一扔，用力划几桨，就到了船边。正好**一只拖船**要开走，**他们**就把小船往（**拖船**）上一系，而一边的**船老大**则愤怒地嘶声大骂，他还在水里挣扎着呢！

（亨利·德·蒙费瑞德：《停靠马耳他》）

We: presuming / unique / pronominal / interlocutor / personal

我们: presuming / unique / pronominal / interlocutor / personal

---

Malta: presuming / unique / proper noun

马耳他: presuming / unique / proper noun

The whole place: presuming / unique / nominal / co-reference paraphrase / definite article

这整个地方: presuming / unique / nominal / co-reference paraphrase / directed

---

the ship: presuming / unique / nominal / definite article

轮船: presuming / unique / nominal / no article

the ship: presuming / unique / nominal / simple lexical repetition / definite article

轮船: presuming / unique / nominal / simple lexical repetition / no article

---

the passengers: presuming / unique / nominal / definite article

乘客: presuming / unique / nominal / no article

These unhappy creatures: presuming/unique/nominal/co-reference paraphrase/directed

不幸的旅客们: presuming / unique / nominal / co-reference paraphrase / no article

---

One(of the passengers): presuming / relevance / nominal / co-classification / substitution

其中一位(乘客): presuming / relevance / nominal / co-classification / substitution

him: presuming / unique / pronominal / non-interlocutor / personal

之: presuming / unique / pronominal / non-interlocutor / personal

---

his arms: presuming/relevance/nominal/possessive case/possessive adjective

( )手臂: presuming / relevance / nominal / possessive case / possessive adjective ellipsis

---

his balance: presuming / relevance / nominal / possessive case/possessive adjective

( )重心: presuming / relevance / nominal / possessive case / possessive adjective ellipsis

---

his luggage: presuming / relevance / nominal / possessive case / possessive adjective

他的行李: presuming / relevance / nominal / possessive case / possessive adjective

---

the boatmen: presuming / unique/nominal / definite article

船老板: presuming / unique / nominal /no article

---

the defeated boatman: presuming / relevance / nominal / co-classification / selective

失利方的船老大: presuming / relevance / nominal / co-classification / selective / no article

himself: presuming / unique / pronominal / non-interlocutor / reflexive

（　）: presuming / unique / pronominal / non-interlocutor / reflexive/ellipsis

---

a boat: presenting / specific / nominal / partial / unmarked / indefinite article

一艘船: presenting / specific / nominal / partial / unmarked / indefinite article

it: presuming / unique / pronominal / non-interlocutor / personal

这船: presuming / unique / nominal / simple lexical repetition / directed

---

The young priest: presuming / unique / nominal / definite article

未涉世事的牧师: presuming / unique / nominal / no article

I: presuming / unique / pronominal / interlocutor / personal

我: presuming / unique / pronominal / interlocutor / personal

Some passengers: presenting / specific / nominal / partial / marked / non-particular

有些乘客: presenting / specific / nominal / partial / marked / non-particular

They: presuming / unique / pronominal / non-interlocutor / personal

（　）: presuming / unique / pronominal / ellipsis

Two French sailors: presenting / specific / nominal / partial / marked / particular

两个法国水手: presenting / specific / nominal / partial / marked / particular

They: presuming / unique / pronominal / non-interlocutor / personal

他们: presuming / unique / pronominal / non-interlocutor / personal

they: presuming / unique / pronominal / non-interlocutor / personal

他们: presuming / unique / pronominal / non-interlocutor / personal

---

their grasping boatman: presuming / relevance / nominal / possessive case / possessive adjective

（　）漫天要价的船老大:

presuming / relevance / nominal / possessive case / possessive adjective ellipsis

the owner: presuming/unique/nominal / co-reference paraphrase/ definite article

船老大: presuming / unique/nominal / co-reference paraphrase /

no article

    he: presuming / unique / pronominal / non-interlocutor / personal

    他: presuming / unique / pronominal / non-interlocutor / personal

---

    a tug: presenting / specific / nominal / partial / unmarked / indefinite article

    一只拖船: presenting / specific / nominal / partial / unmarked / indefinite article

    it: presuming / unique / pronominal / non-interlocutor / personal

    （　）: presuming / unique / pronominal / ellipsis

---

    [2]' 一种教授认为，她的作用就是把她已获得的大量知识传授给学生，这种想法完全合情合理。但是因为这类"知识渊博者"将自己视为专家，将她的学生视为一群无知的人，所以她采用了一种破坏学习的精英主义方法。知识渊博者高傲地进入演讲厅，走向讲台，将她老得已经泛黄的讲稿放在讲台上，正好在课应该开始的那一瞬间开始讲（她的）课。

    还有的教授看上去似乎是学生们的"朋友"。这种教授并不把自己看做是知识的传教者或者讨论的引导者，而是一个朋友，只是平等者群体中的一员。

（范烨译：《大学教授写真》节选）

    One type-of professor: presenting/specific/nominal / partial/ marked/particular

    一种教授: presenting / specific /nominal / partial / marked / particular

    she: presuming / unique / pronominal / non-interlocutor /

personal

她: presuming / unique / pronominal / non-interlocutor / personal

the "Knowledgeable One": presuming / unique / nominal / co-reference paraphrase / definite article

这类"知识渊博者": presuming / unique / nominal / co-reference paraphrase / directed

herself: presuming / unique / pronominal / non-interlocutor / reflexive

自己: presuming / unique / pronominal / non-interlocutor / reflexive

she: presuming / unique / pronominal / non-interlocutor / personal

她: presuming / unique / pronominal / non-interlocutor / personal

The knowledgeable one: presuming / unique / nominal / co-reference paraphrase / definite article

知识渊博者: presuming / unique / nominal / co-reference paraphrase / no article

an imparter of knowledge: presuming / unique / nominal / co-reference paraphrase / indefinite article

知识的传教者: presuming / unique / nominal / co-reference paraphrase / no article

---

her function: presuming / relevance / nominal / possessive case / possessive adjective

她的作用: presuming / relevance / nominal / possessive case / possessive adjective

her students: presuming/relevance/nominal/possessive case/

possessive adjective

她的学生: presuming / relevance / nominal / possessive case / possessive adjective

---

her yellowed-with-age notes: presuming / relevance / nominal / possessive case / possessive adjective

她老的已经泛黄的讲稿: presuming / relevance / nominal / possessive case / possessive adjective

---

her lecture: presuming/relevance/nominal/possessive case/ possessive adjective

（　）课: presuming / relevance / nominal / possessive case / possessive adjective ellipsis

---

the professor who...: presuming / relevance / nominal / co-classification/member

还有的教授: presuming / relevance / nominal / co-classification / member / no article

the students'"Buddy":presuming / unique / nominal / co-reference paraphrase / definite article

学生们的"朋友":presuming / unique / nominal / co-reference paraphrase / no article

This kind of professor: presuming / unique / nominal / simple lexical repetition / directed

这种教授: presuming / unique / nominal / simple lexical repetition / directed

himself: presuming / unique / pronominal / non-interlocutor /

reflexive

自己: presuming / unique / pronominal / non-interlocutor / reflexive

---

[3]'他在远处的港口找到了让银锭脱手的渠道。他必须往内陆走远一些,这使他沿海航行时间长了一些,也使他去维奥拉家的次数减少了,间隔更长了。他命中注定要在维奥拉家娶一个女儿。有一次,他把这个想法告诉了**乔治本人**。但是,**这位民族解放运动的拥护者**则把**手**轻轻一挥,把这个话题放在一边,牢牢抓着冒烟的黑色石楠根烟斗。有的是时间,**他**不会把**自己女儿**强嫁给任何人的,**他**不是那种人。

时间慢慢在流逝,诺思托罗莫发现自己在两姐妹中更喜欢**妹妹**。他们俩人天性上有很多相似之处,这些共同之处的存在是完全信任和理解的基础,不管外表的气质有多大不同,这反而成了彼此吸引的因素。他的妻子将必须知晓他的秘密,否则共同生活是不可能的。他被**吉赛尔**所吸引,**她诚恳的凝视,白皙的颈项**,柔顺、静谧的性情,(**她的**)**娴静的倦懒**中透射着激情;而**琳达**脸色苍白,激情似火,滔滔不绝,神情忧郁,傲视世界,如朽木上脱落下的一片,一个严厉的共和党人的忠实女儿,但声音酷似特雷莎,这一切令他感到一种深深的不信任。更有甚者,**可怜的女孩**不能抑制**她**对吉安·巴提斯塔的**爱**。他能看出来,这爱是剧烈的、一往无前的,又是多疑的、不妥协的——正如**她的灵魂**一般。**吉赛尔的美是赏心悦目而充满温情**的,沉静的天性里包孕着顺从,充满**女性的神秘的魅力**,她既激发了他的情感,又舒缓了他对未来的恐惧。

(约瑟夫·康拉德:《诺斯托罗莫》节选)

Giorgio: presuming / unique / proper noun

乔治: presuming / unique / proper noun

himself: presuming / unique / pronominal / non-interlocutor /

reflexive

本人: presuming / unique / pronominal / non-interlocutor / reflexive

the Garibaldino: presuming / unique / nominal / co-reference-paraphrase / definite article

这位民族解放运动的拥护者: presuming / unique / nominal / co-reference-paraphrase / directed

He: presuming / unique / pronominal / non-interlocutor / personal

他: presuming / unique / pronominal / non-interlocutor / personal

---

his hand: presuming/relevance/nominal/possessive case/ possessive adjective

（　）手: presuming/relevance/nominal/possessive case/ possessive adjective ellipsis

---

his girls: presuming / relevance / nominal / possessive case / possessive adjective

自己女儿: presuming / relevance / nominal / possessive case / possessive adjective

---

the younger of the two:presuming / relevance / nominal / co-classification / comparison

妹妹: presuming / unique / nominal / co-reference paraphrase / member / no article

Giselle: presuming / unique / proper noun

吉赛尔: presuming / unique / proper noun

Giselle: presuming / unique / proper noun

吉赛尔：presuming / unique / proper noun

---

her candid gaze and white throat：presuming / relevance / nominal / possessive case / possessive adjective

她诚恳的凝视，白皙的颈项：presuming / relevance / nominal / possessive case / possessive adjective

---

her quiet indolence：presuming / relevance / nominal / possessive case / possessive adjective

（　）娴静的倦懒：presuming / relevance / nominal / possessive case / possessive adjective ellipsis

---

her fair but warm beauty：presuming / relevance / nominal / possessive case / possessive adjective

吉赛尔的美是赏心悦目而充满温情：presuming / relevance / nominal / possessive case / one's

---

her girlish mysteriousness：presuming / relevance / nominal / possessive case / possessive adjective

（　）充满女性的神秘的魅力：presuming / relevance / nominal / possessive case / possessive adjective ellipsis

---

Linda：presuming / unique / proper noun

琳达：presuming / unique / proper noun

the poor girl：presuming / unique / nominal / co-reference paraphrase / definite article

可怜的女孩：presuming / unique / nominal / co-reference paraphr-ase / no article

---

her love: presuming/relevance/nominal/possessive case/ possessive adjective

她对...的爱: presuming / relevance / nominal / possessive case / possessive adjective

---

her soul: presuming / relevance / nominal / possessive case / possessive adjective.

她的灵魂: presuming / relevance / nominal / possessive case / possessive adjective

---

5.1.1.2 实例观察结果及初步结论

以下是实例覆盖部分的英汉参与者标识手段对应情况：

表5.1 英汉参与者标识手段对应性实例考察统计数据

英语第一人称代词在汉语中的对应情况		
英语	汉语	英汉对应情况
We presuming unique pronominal interlocutor personal	我们 presuming unique pronominal interlocutor personal	对应
I presuming unique pronominal interlocutor personal	我 presuming unique pronominal interlocutor personal	

英语专有名词在汉语中的对应情况		
英语	汉语	英汉对应情况
Malta presuming unique proper noun	马耳他 presuming unique proper noun	对应
Giselle presuming unique proper noun	吉赛尔 presuming unique proper noun	

英语专有名词在汉语中的对应情况		
英语	汉语	英汉对应情况
Linda presuming unique proper noun	琳达 presuming unique proper noun	对应
Giorgio presuming unique proper noun	乔治 presuming unique proper noun	

英语"定冠词"名词词组在汉语中的对应情况		
英语	汉语	英汉对应情况
the ship presuming unique nominal definite article	轮船 presuming unique nominal no article	不对应
the passengers presuming unique nominal definite article	乘客 presuming unique nominal no article	

英语"定冠词"名词词组在汉语中的对应情况		
英语	汉语	英汉对应情况
the boatmen presuming unique nominal definite article	船老板 presuming unique nominal no article	不对应
The young priest presuming unique nominal definite article	未涉世事的牧师 presuming unique nominal no article	

英语"有标记/部分/特定"名词词组在汉语中的对应情况		
英语	汉语	对应情况
One type of professor presenting specific nominal partial mark ed particular	一种教授 presenting specific nominal partial marked particular	对应
Two French sailors presenting specific nominal partial marked particular	两个法国水手 presenting specific nominal partial marked particular	

英语"有标记/部分/非特定"名词词组在汉语中的对应情况		
英语	汉语	对应情况
Some passengers presenting specific nominal partial marked non-particular	有些乘客 presenting specific nominal partial marked non-particular	对应

英语"无标记"名词词组在汉语中的对应情况		
英语	汉语	对应情况
a boat presenting specific nominal partial unmarked indefinite article	一艘船 presenting specific nominal partial unmarked indefinite article	对应
a tug presenting specific nominal partial unmarked indefinite article	一只拖船 presenting specific nominal partial unmarked indefinite article	

英语"领属形容词"相关性名词词组在汉语中的对应情况		
英语	**汉语**	**对应情况**
her function presuming relevance nominal possessive case possessive adjective	她的作用 presuming relevance nominal possessive case possessive adjective	对应
her yellowed-with-age notes presuming relevance nominal possessive case possessive adjective	她老的已经泛黄的讲稿 presuming relevance nominal possessive case possessive adjective	
her love presuming relevance nominal possessive case possessive adjective	她对……的爱 presuming relevance nominal possessive case possessive adjective	

英语"领属形容词"相关性名词词组在汉语中的对应情况		
英语	**汉语**	**对应情况**
her fair but warm beauty presuming relevance nominal possessive case possessive adjective	吉赛尔的美是赏心悦目而充满温情 presuming relevance nominal possessive case one's	不对应

her quiet indolence	（　）娴静的倦懒	
presuming	presuming	
relevance	relevance	
nominal	nominal	
possessive case	possessive case	
possessive adjective	possessive adjective	
	ellipsis	
their grasping boatman	（　）漫天要价的船老大	
presuming	presuming	
relevance	relevance	
nominal	nominal	
possessive case	possessive case	
possessive adjective	possessive adjective	
	ellipsis	
his hand	（　）手	
presuming	presuming	
relevance	relevance	
nominal	nominal	
possessive case	possessive case	
possessive adjective	possessive adjective	
	ellipsis	
his girls	自己女儿	
presuming	presuming	
relevance	relevance	
nominal	nominal	
possessive case	possessive case	
possessive adjective	possessive reflexive	

英语"比较"相关性名词词组在汉语中的对应情况		
英语	汉语	英汉对应情况
the younger of the two	妹妹	
presuming	presuming	
relevance	relevance	
nominal	nominal	不对应
co-classification	co-classification	
comparison	member	
	no article	

英语"替代"相关性名词词组在汉语中的对应情况		
英语	汉语	英汉对应情况
one（of the passenger） presuming relevance nominal co-classification substitution	其中一位（乘客） presuming relevance nominal co-classification substitution	对应

英语"选择"相关性名词词组在汉语中的对应情况		
英语	汉语	英汉对应情况
the defeated boatman presuming relevance nominal co-classification selective	失利方的船老大 presuming relevance nominal co-classification selective no article	不对应

英语"成员"相关性名词词组在汉语中的对应情况		
英语	汉语	英汉对应情况
the professor who… presuming relevance nominal co-classification member	还有的教授 presuming relevance nominal co-classification member no article	不对应

英语专有名词在汉语中的对应情况		
英语	汉语	英汉对应情况
Giselle presuming unique proper noun	吉赛尔 presuming unique proper noun	对应

英语第三人称代词在汉语中的对应情况		
英语	汉语	英汉对应情况
she presuming unique pronominal	**她** presuming unique pronominal	对应
non-interlocutor personal	non-interlocutor personal	
he presuming unique pronominal non-interlocutor personal	**他** presuming unique pronominal non-interlocutor personal	
They presuming unique pronominal non-interlocutor personal	**他们** presuming unique pronominal non-interlocutor personal	
him presuming unique pronominal non-interlocutor personal	**之** presuming unique pronominal non-interlocutor personal	
It presuming unique pronominal non-interlocutor personal	**这船** presuming unique nominal simple lexical repetition directed	不对应

They presuming unique pronominal non-interlocutor personal	( ) presuming unique pronominal non-interlocutor ellipsis	不对应
It presuming unique pronominal non-interlocutor personal	( ) presuming unique pronominal non-interlocutor ellipsis	

英语第三人称反身代词在汉语中的对应情况		
英语	汉语	英汉对应情况
herself presuming unique pronominal non-interlocutor reflexive	自己 presuming unique pronominal non-interlocutor reflexive	对应
himself presuming unique pronominal non-interlocutor reflexive	本人 presuming unique pronominal non-interlocutor reflexive	
himself presuming unique pronominal non-interlocutor reflexive	( ) presuming unique pronominal non-interlocutor reflexive ellipsis	不对应

英语"指示词/简单重复"名词词组汉语中的对应情况		
英语	汉语	英汉对应情况
This kind of professor presuming unique nominal simple lexical repetition directed	这种教授 This kind of professor presuming unique nominal simple lexical repetition directed	对应

英语"定冠词/简单重复"名词词组在汉语中的对应情况		
英语	汉语	英汉对应情况
the ship presuming unique nominal simple lexical repetition definite article	轮船 presuming unique nominal simple lexical repetition no article	对应

英语"指示词/同指换说"名词词组汉语中的对应情况		
英语	汉语	英汉对应情况
These unhappy creatures presuming unique nominal co-reference paraphrase directed	不幸的旅客们 presuming unique nominal co-reference paraphrase no article	不对应

英语"定冠词/同指换说"名词词组在汉语中的对应情况		
英语	汉语	英汉对应情况
the "Knowledgeable One" presuming unique nominal co-reference paraphrase definite article	这类"知识渊博者" presuming unique nominal co-reference paraphrase directed	不对应

The whole place	这整个地方
presuming	presuming
unique	unique
nominal	nominal
co-reference paraphrase	co-reference paraphrase
definite article	directed

the Garibaldino	这位民族解放运动的拥护者
presuming	presuming
unique	unique
nominal	nominal
co-reference paraphrase	co-reference paraphrase
definite article	directed

the students'"Buddy"	学生们的"朋友"
presuming	presuming
unique	unique
nominal	nominal
co-reference paraphrase	co-reference paraphrase
definite article	no article

The Knowledgeable One	知识渊博者
presuming	presuming
unique	unique
nominal	nominal
co-reference paraphrase	co-reference paraphrase
definite article	no article

the poor girl	可怜的女孩
presuming	presuming
unique	unique
nominal	nominal
co-reference paraphrase	co-reference paraphrase
definite article	no article

the owner	船老大
presuming	presuming
unique	unique
nominal	nominal
co-reference paraphrase	co-reference paraphrase
definite article	no article

英语"不定冠词/同指换说"名词词组汉语中的对应情况		
英语	汉语	英汉对应情况
an imparter of knowledge presuming unique nominal co-reference paraphrase indefinite article	知识的传教者 presuming unique nominal co-reference paraphrase no article	不对应

基于以上实例观察结果可以得出如下初步结论：

1. 英汉参与者标识手段的类型重合度很高

从参与者指称特征标识层位的语法特征部分来看，英语参与者标识手段大体分为三类：专有名词、代词、名词词组。实例观察显示：英语这三类参与者标识手段在汉语中均存在对应层。

专有名词是特指的某一类事物中的某一个体所独有的个别概念的名称（王国栋，2005：63）。英语中的专有名词分为十三类，它们是：敬称名、人姓名、国家名、民族名、语言名、地理名、时间名、机构名、文书名、事件名、品牌名、宗教名、学说名（王国栋，2005：63-66）。英语专有名词有的带定冠词，有的则不带。实例显示，用于标识首次或再次提及参与者的英语专有名词，在汉译时没有发生类别上的改变。

代词属于有限词类。代词是名词、形容词、数词的进一步抽象，用于指代前文提到的事物，避免不必要的重复。代词分为主体代词（指称事物本身）和属性代词（指称事物属性）（张轶前，2005：9）。从结构学角度划分，代词可以分为代名词、代形容词、代副词、代数词（王国栋，2005：456）。本文认为，从参与者标识的视角来看，用于标识首次和再次提及参与者的代词只有以下主体代词：人称代词、反身代词、指示代词、名词性物主代词。本文不将形容词性物主代词和属

性代词视作参与者标识手段，因为它们只是名词词组的组成部分（由
其参与构成的名词词组也是参与者标识手段之一）。实例显示，用于
标识首次或再次提及参与者的英语人称代词、反身代词、指示代词、
名词性物主代词等，在汉译时大多没有发生类别上的改变。

　　从逻辑角度来讲，名词词组（nominal groups）由中心词
（head）和可选的修饰成分组成，修饰成分包括中心词前面的修
饰成分（premodifier）和中心词后面的修饰成分（postmodifier）；
从经验角度来讲，修饰部分由以下可选的修饰成分组成：指示
词（deictic），数词（numerative），修饰语（epithet），类别词
（classifier），数量词（qualifier）。中心词代表"事物"（thing），其
功能往往由普通名词、专有名词、代词等实现。名词词组中的中心词
可以是任何一种现象：人，有生命或无生命的物，抽象名词，组织，
过程，质量，状态，关系等（Halliday & Hasan, 2001: 147）。实例显
示，用于标识首次或再次提及参与者的名词词组，在汉译时大多没
有发生类别上的改变。

　　2. 英汉参与者标识手段存在其他不对应的情形

　　虽然大多数英语参与者标识手段汉译时没有发生类别上的改
变，但实例观察显示仍存在其他不对应的情形，如：英语定冠词名词
词组汉译为无冠词名词词组；英语"领属形容词"相关性名词词组汉
译为名词所有格名词词组或省略掉"领属形容词"的名词词组；英语
"比较"相关性名词词组汉译为"非比较"名词词组；英语"选择"相
关性名词词组汉译为无冠词名词词组；英语"成员"相关性名词词组
汉译为无冠词名词词组；英语第三人称代词汉译时省略；英语反身代
词汉译时省略；英语指示词/同指换说名词词组汉译为无冠词名词词
组；英语定冠词/同指换说名词词组汉译为无冠词名词词组；英语"不
定冠词/同指换说"名词词组汉译为无冠词名词词组。

实例观察使我们对英汉参与者标识手段的对应性有了一个大体的、宏观的认识，并由此得出了初步结论。但随即浮出有待深入探究的问题有：英汉在标识参与者所使用的词汇手段类别上具有怎样的重合度？42种参与者标识手段的英汉对应性分别如何？回答以上问题必须进一步扩大语料考察范围，在更厚实的语言事实基础上考察英汉参与者标识手段的类别对应情况和不同参与者标识手段的英汉对应率。

5.1.2　语料统计及分析

我们使用对应率（formal equivalence rate）这个指标来对英汉参与者标识手段的对应性进行量性描述。我们用FEr表示对应率，用（PI）表示参与者标识手段——E（PI）表示一定量的英汉翻译对等语料中的某一英语参与者标识手段出现的总数；C（PI）表示与英语参与者标识手段形式对应的汉语对应体的例数。对应率FEr等于C（PI）与 E（PI）之比。以下我们将对英汉参与者标识手段进行两类对应率的语料统计和分析：一类是英汉参与者标识手段类别对应率的统计；另一类是英汉参与者标识手段对应率的统计。

5.1.2.1　英汉参与者标识手段类别对应率的统计

5.1.2.1.1　研究设计

考察内容：英汉参与者标识手段的类别（专有名词，代词和名词词组）对应率。

语料来源：英汉叙事语篇翻译对等语料（详见附录1）。

统计方法：首先，分别统计语料中首次和随后提及的英语专有名词、名词词组（包括相关性名词词组）和代词出现的总数，用E（PI）表示。接着，分别统计语料中与英语参与者标识手段类别相对应的汉语专有名词、名词词组和代词的例数，用C（PI）表示。之后，分别计算出英汉参与者标识手段三个类别（专有名词、名词词组和代词）的对应率 [FEr=C（PI）/ E（PI）)]。

5.1.2.1.2　语料统计结果及分析

表5.2　　英汉参与者标识手段类别对应率语料统计数据

PI	E（PI）	C（PI）	FEr= C（PI）/ E（PI）
专有名词	164	164	100%
名词词组	460	459	99.8%
代词	543	520	95.8%
合计	1167	1143	97.9%

统计结果显示：

（1）英语专有名词的汉语对应体均为专有名词，其对应率为100%。我们认为，由于专有名词的预设信息存在于文化语境，上下文语境以及语法手段的选择对于专有名词所指经验实体的确定基本上没有影响，因此，专有名词的译语对应体通常也是专有名词。

（2）英语名词词组的汉语对应体基本上也是名词词组，其对应率为99.8%。名词词组由中心词和可选的修饰成分组成，是英汉语言共有的结构。名词词组的中心词和可选的修饰成分都参与了对篇外经验实体的指称，语际转换时，仍以名词词组为译语对应体可以充分地传递源语名词词组所实现的参与者指称特征。

（3）英语代词的汉语对应体大多也是代词，其对应率为95.8%。

对应率高的主要原因在于：英语人称代词（第一人称，第三人称）、物主代词、指示代词等，在汉语基本都有对应体。

从语料统计结果来看，仍有4.2%比例的英语代词汉译时发生了语法手段类别上的改变，还有一例英语名词词组汉译时使用了动词词组语法手段。但总体来看，英汉参与者标识手段在类别层面具有很高的重合度。平均97.9%的英语专有名词、代词、名词词组汉译时使用了相同的语法手段。 语法手段类别不对应的情形将在下文做进一步的考察和分析。

5.1.2.2 语法层面的对应率统计

5.1.2.2.1 研究设计

考察内容：16种首次提及标识手段、6种相关性首次提及标识手段（未包括"合/分"相关性名词词组，并将"省略"和"替代"相关性名词词组合并统计）、16种再次提及参与者标识手段（将"近指"与"远指"代词、第一人称与第三人称反身代词合并统计）在语法层面的对应率。

语料来源：英汉叙事语篇翻译对等语料（详见附录1）。

统计方法：首先，建立"首次提及、相关性首次提及、再次提及"统计表（详见附录2）。接着，以"首次提及、相关性首次提及、再次提及"统计表为框架，对每一个叙事语篇进行统计。统计表设计详见附录3。附录3仅提供统计表示例，语料来自第四章例文 [2]、例文 [3] 及其汉译文（见第五章例文 [2] '、例文 [2] ' ）。

5.1.2.1.2 语料统计结果及分析

依照设定统计方法对38种参与者标识手段进行的英汉对应率语料统计，其结果如表5.3：

表5.3 　　　38种参与者标识手段英汉对应率语料统计数据

首次提及部分

PI	E (PI)	C (PI)	Cr= C (PI) / E (PI)
"类指"人称代词	10	8	80%
"类指"名词词组	25	18	72%
"全部"代词	8	7	87.5%
"全部"名词词组	1	1	100%
"部分/非限制"代词	0		——
"部分/限制"代词	1	1	100%
第一人称代词	10	10	100%
第三人称代词	2	2	100%
"定冠词"专有名词	8	0	0
"无冠词"专有名词	47	47	100%
"定冠词"名词词组	54	5	9%
"无标记"名词词组	62	47	75.8%
"有标记/部分/非限制"名词词组	1	1	100%
"有标记/部分/非特定"名词词组	1	1	100%
"有标记/部分/特定"名词词组	0		——
"有标记/部分/首要"名词词组	0		——

相关性首次提及部分

PI	E (PI)	C (PI)	Cr= C (PI) / E (PI)
"名词所有格"相关性名词词组	26	22	84.6%
"领属形容词"相关性名词词组	141	42	30%
"省略/替代"相关性名词词组	11	6	54.5%
"选择"相关性名词词组	1	1	100%
"比较"相关性名词词组	4	4	100%
"成员"相关性名词词组	21	18	85.7%

再次提及部分

PI	E（PI）	C（PI）	Cr= C（PI）/ E（PI）
"定冠词"专有名词	1	0	
"无冠词"专有名词	108	108	100%
第一人称代词	169	155	92%
第三人称代词	328	238	72.5&
第一人称、第三人称反身代词	5	2	40%
"近指"代词/"远指"代词	6	5	83.3%
"指示词/简单重复"名词词组	0		——
"定冠词/简单重复"名词词组	47	12	25.5%
"指示词/同指换说"名词词组	1	0	0
"定冠词/同指换说"名词词组	37	18	48.6%
"不定冠词/同指换说"名词词组	3	3	100%
"无冠词/同指换说"名词词组	2	1	50%
"非选择"名词词组（each）	0		——
"非选择"名词词组（both）	0		——
"非选择"名词词组（either）	0		——
"非选择"名词词组（neither）	0		——

统计结果显示:

1. 对应率相对较低的标识手段

首次提及部分:"类指"名词词组（72%），"定冠词"专有名词（0%），"定冠词"名词词组（9%），"无标记"名词词组（75.8%）。相关性再次提及部分:"领属形容词"相关性名词词组（30%），"省略/替代"相关性名词词组（54.5%）。再次提及部分:第一人称反身代词和第三人称反身代词（40%），第三人称代词（72.5%），"定冠词/简单重复"名词词组（25.5%），"定冠词/同指换说"名词词组（48.6%）。对应率相对较低表明：上述英语参与者标识手段与其汉语对应体存在语法层面的不对应情形。我们将在下文中对此做进一步的考察和分析。

2. 对应率在80%以上的标识手段

首次提及部分："类指"人称代词（80%），"全部"代词（87.5%），第一人称代词（100%），第三人称代词（100%），"无冠词"专有名词（100%）。相关性首次部分："名词所有格"相关性名词词组（84.6%），"比较"相关性名词词组（100%），"成员"相关性名词词组（85.7%）。再次提及部分："无冠词"专有名词（100%），第一人称代词（92%），"近指"代词/"远指"代词（83.3%），"不定冠词/同指换说"名词词组（100%）。高对应率表明：上述英语参与者标识手段在汉语存在语法层面的对应体，且该对应体是传递源语对应体所指参与者指称特征的首选。

3. 语料覆盖不足2例的标识手段

首次提及部分："全部"名词词组（1例），"部分/非限制"代词（0例），"部分/限制"代词（1例），"有标记/部分/非限制"名词词组（1例），"有标记/部分/非特定"名词词组（1例），"有标记/部分/特定"名词词组（0例），"有标记/部分/首要"名词词组（0例）。相关性首次提及部分："选择"相关性名词词组（1例）。再次提及部分："定冠词"专有名词（1例），"指示词/简单重复"名词词组（0例），"指示词/同指换说"名词词组（1例），"无冠词/同指换说"名词词组（1例），"非选择"名词词组（0例）。以上标识手段在20篇叙事小说中仅出现1次（甚至0次），因此不具统计意义。这种低频率出现的情况或与体裁类型有关，本文不做进一步的分析。

5.2 不对应情形深入探讨

5.2.1 不对应情形语料统计和实例观察

1.“类指”名词词组

英汉翻译对等语料中，英语“类指”名词词组共有25例，相对应的汉语对应体有18例，不对应的汉语对应体有7例。不对应的情形大体分为以下两种：

情形1：英语为不定冠词“类指”名词词组——汉语为无冠词“类指”名词。

[4] An environment which would have made a contenten woman a poet, a suffering woman a devotee, a pious woman a psaimist, even a giddy woman thoughtful, made a rebellious woman saturnine.

(*Nostromo* by Joseph Conrad)

[4]′同样一个环境可以使心满意足的女人放声歌唱，使历经磨难的女人虔心膜拜，使虔诚至敬的女人盛赞神明，甚至能使轻佻浮薄的女人沉思冥想，但如果是一个愤愤不平的女人则只会使她黯然沉郁。

例 [4] 中，带不定冠词的英语“类指”名词词组“a contenten woman”、“a suffering woman”、“a pious woman”、“a giddy woman"，其汉语对应体是不带冠词的名词词组"心满意足的女人"、"历经磨难的女人"、"虔诚至敬的女人"、"轻佻浮薄的女人"。

　　情形2: 英语为定冠词"类指"名词词组———汉语为无冠词"类指"名词。

　　　[5] The children were always good duing the month of August.

（Zoo by Edward D. Hoch）

　　　[5]' 八月时分, 孩子们总是很愉快。

　　例 [5] 中, 带定冠词的英语"类指"名词词组"The children", 其汉语对应体是无冠词名词"孩子们"。

2. "定冠词"专有名词

　　英汉翻译对等语料中, 首次提及、再次提及的"定冠词"专有名词共有8例, 相对应的汉语对应体有0例, 不对应的汉语对应体有8例。不对应的情形主要是: 英语为定冠词专有名词———汉语为无冠词专有名词。

　　　[6] Who...has not smiled with some gentleness at the thought of the little girl walking gorth one morning hand-in-hand with her still smaller brother, to go and seek martyrdom in the country of the Moors?

（Middlemarch by George Eliot）

　　　[6]' 一想到这个小女孩早晨起来, 手里牵着她的小弟弟, 去到摩尔人的国度寻找为理想献身的机会, 谁不为她露出会心的微笑呢?

　　　[7] He studied, practiced and studied some more until the boys at headquarters kidded him all the time. Johnny Books, they called

him, the Text-book Dick.

（It's in the Book by E.E.Halleran）

[7]'他勤学苦练，乐此不疲，以致总部的那些小伙子们总拿他开心。约翰尼·布克斯———他们这样叫他，把他当作只会啃书本的书呆子。

例[6]、例[7]中，带定冠词的英语专有名词"the Moors"、"the Text-book Dick"，其汉语对应体是无冠词名词"摩尔人"、"只会啃书本的书呆子"。

3."定冠词"名词词组

英汉翻译对等语料中，首次提及的"定冠词"共有54例，相对应的汉语对应体有5例，不对应的汉语对应体有49例。不对应的情形主要是：英语为定冠词名词词组———汉语为无冠词名词。

[8] The wet pavement sent back pleasant clicks as his heels came down on it.

（O' Sheen Is Best Man by Leroy Yerxa）

[8]'鞋跟踩在湿湿的人行道上发出悦耳的"踢踏"声。

[9] I listened to baseball games on the radio. I watched them on TV.

（Lessons in Baseball by Chick Moorman）

[9]'我收听收音机里的棒球节目，观看电视里的棒球比赛实况。

例[8]、例[9]中，首次提及的带有定冠词的英语名词词组"The wet pavement"、"the radio"，其汉语对应体是无冠词名词"湿湿的人行道"、"收音机"。

4."无标记"名词词组

英汉翻译对等语料中，首次提及的"无标记"名词词组共有62例，相对应的汉语对应体有47例，不对应的汉语对应体有15例。不对应的情形有以下两种：

情形1：英语为不定冠词"无标记"名词词组——汉语为无冠词名词

[10] His feet seemed to be touching another wall. Evidently a small closet, a thread of light on his groping hands indicating the location of a door crack.

（It's in the Book by E.E.Halleran）

[10]' 他的背靠在一面墙上，肩膀两侧都很挤，双脚似乎是蹬着另一面墙。显然，这是一个小壁橱。照在他手上的一丝光线显示门缝的位置。

例[10]中，带有不定冠词的英语首次提及"无标记"名词词组"a door crack"，其汉语对应体是无冠词名词"门缝"。

情形2：英语为不定冠词"无标记"名词词组——汉语为动词词组

[11] That winter we begin planning a spring trip to Paris.

（Paris in the Springtime by Jenifer Read Hawthorne）

[11]' 那个冬季我们筹划着去巴黎春游。

例[11]中，带有不定冠词的英语首次提及"无标记"名词词组"a spring trip to Paris"，其汉语对应体是动词词组"去巴黎春游"。

5. "领属形容词"名词词组

英汉翻译对等语料中，英语"领属形容词"名词词组共有141例，相对应的汉语对应体有42例，不对应的汉语对应体有99例。不对应的情形有以下4种：

情形1：英语为"领属形容词"名词词组——汉语为省略领属形

容词的名词

[12] Johnny Brooks was pretty sick when he opened his eyes, but he didn't move his cramped legs until he took stock of his situation.

(*It's in the Book by* E.E.Halleran)

[12]'约翰尼·布鲁克争开（他的）双眼，虽然周身难受，但在搞清楚自己的处境前他决不动一下（他的）紧曲的双腿。

例[12]中，英语"领属形容词"名词词组"his eyes"、"his cramped legs"，其汉语对应体是省略领属形容词的名词"双眼"、"紧曲的双腿"。

情形2：英语为"领属形容词"名词词组——汉语为"反身代词"名词

[13] There was plenty of time; he was not the man to force his girls upon anybody.

(*Nostromo by* Joseph Conrad)

[13]'有的是时间，他不会吧自己女儿强嫁给任何人的，他不是那种人。

[14] "You've been sitting here for quite some time," he said swinging the night stick gently against his knees.

(*O' Sheen Is Best Man* by Leroy Yerxa)

[14]'"你可是在这儿坐了好一会儿了，"帕迪说着，手中的警棍轻轻敲打着自己的膝盖，"他就这样让你等着么？"

例[13]、例[14]中，英语"领属形容词"名词词组"his girls"、"his knees"，其汉语对应体是反身代词名词"自己女儿"、

"自己的膝盖"。

情形3：英语为"领属形容词"名词词组——汉语为"名词所有格"名词

[15] Ray's heart leapt as an old sedan that appeared to be burning oil pulled in, a "Just Married" sigh on its rear bumper.

(*Just a Little Joke* by Edie Hanes)

[15]' 一辆"突突"作响的老式轿车开进来时，雷伊的心也随着"嘭嘭"跳起来。车的后保险杠上有一块牌子，上写"新婚至喜"。

[16] "It's all right now, darling," he said, slipping behind the wheel. He kissed her lips, and then saw O'Sheen.

(*O' Sheen Is Best Man* by Leroy Yerxa)

[16]' "一切都好了，亲爱的。"他说着钻进了汽车，坐在驾驶座上。他吻了吻女孩的嘴唇，这时他看见了奥希恩。

例 [15]、例 [16] 中，英语"领属形容词"名词词组 "its rear bumper"、"her lips"，其汉语对应体是名词所有格名词"车的后保险杠"、"女孩的嘴唇"。

情形4：英语为"领属形容词"名词词组——汉语为"人称代词"名词

[17] the good Professor himself made an appearance, wearing his many-colored rainbow cape and top hat. "People of Earth!" he called into microphone.

(*Zoo* by Edward D. Hoch)

[17]' 待人和气的雨果教授露面了，他身披七色的彩虹斗篷，头戴一顶大礼帽，对着麦克风大声喊道："地球上的居民们。"

[18] Moreover, the poor girl could not conceal her love for Gian

Battista.

（*Nostromo* by Joseph Conrad）

[18]'更有甚者，可怜的女孩不能抑制她对吉安·巴提斯塔的爱。

例[17]、例[18]中，英语"领属形容词"名词词组"his many-colored rainbow cape and top hat"、"her love for Gian' Battista"，其汉语对应体是"人称代词"名词"他身披七色的彩虹斗篷，头戴一顶大礼帽"、"她对吉安·巴提斯塔的爱"。

6."省略/替代"相关性名词词组

英汉翻译对等语料中，英语"省略/替代"相关性名词词组共有11例，相对应的汉语对应体有6例，不对应的汉语对应体有5例。不对应主要表现为：英语为替代词——汉语恢复使用被省略或被替代的名词：

[19] Some have felt that these blundering lives are due to the inconvenient indefiniteness with which the Supreme Power has fashioned the nature of women.

（*Middlemarch* by George Eliot）

[19]'有些人觉得，这些充斥着谬误的生活完全是女人的天性所致，上苍创造女人的时候，就没有赋予她们适当的确定性概念。

[20] Officers swarmed, one grabbing the keys from the sedan and quickly opening the trunk.

（*Just a Little Joke* by Edie Hanes）

[20]'大群警官围了上来，一个警官拔下车钥匙，并迅速打开行李箱。

例[19]中，英语有所省略的名词词组"Some"，其汉语对应体为

"一些人";例[20]中,英语替代词"one"的汉语对应体恢复使用了被替代的名词词组"一个警官"。

7. 第一人称、三人称反身代词

英汉翻译对等语料中,再次提及的第一人称、三人称反身代词共有4例,不对应的汉语对应体有2例。不对应主要表现为:英语为第三人称反身代词——汉语省略第三人称反身代词:

[21] The more the butterfly struggled to free itself, the deeper the thorns cut into its fragile body.

(The Secret of Happiness)

[21]' 蝴蝶越挣扎着(自己)想飞走,刺就越深地扎进了它娇嫩的身体里。

[22] the defeated boatman revenged himself by carrying off his luggage in a different direction.

(Landing at Maita by Henry De Monfreid)

[22]' 失利方的船老大于是载着他的行李往另一方向划走,算是为(自己)报了一箭之仇。

例[21]、例[22]中,英语第三人称反身代词"itself"、"himself",其汉语对应体省略了第三人称反身代词"(自己)"、"(自己)"。

8. 第三人称代词

英汉翻译对等语料中,再次提及的第三人称代词共有328例,相对应的汉语对应体有238例,不对应的汉语对应体有90例。不对应的情形有以下4种:

情形1: 英语为第三人称代词——汉语省略第三人称代词。

[23] Not great. But older models were easier to hot-wire, and they were rarely equipped with alarm systems. He could grab a better ride later.

(*Just a Little Joke by Edie Hanes*)

[23]' 不算什么好车, 不过款式老点儿的车容易打火, 并且(他们)很少装有报警系统什么的。以后(他)再弄辆好点儿的吧。

例[23]中, 英语第三人称代词"they"、"He", 其汉语对应体是省略的第三人称代词"(他们)"、"(他)"。

情形2: 英语为第三人称代词——汉语为第三人称反身代词。

[24] It was negligible because Ralph was industrious filling in a line of squares with a very long word. Pleased that he was able to fill in such a word without dictionary aid, Ralph allowed a ghost of smile to play at the corners of his thin month.

(*Murder at the Crossword* by Leonard Finley Hilts)

[24]' 因为拉尔夫正埋头往一长串空格里填词, 看不出什么作用。得意于自己不用辞典的帮助就填出这个长词, 拉尔夫任由笑意在他那细细的嘴角荡漾。

例[24]中, 英语第三人称代词 "He", 其汉语对应体是第三人称代词反身代词"自己"。

情形3: 英语为第三人称代词——汉语复现已经提及的人名专有名词。

[25] Incredible as it seemed to him now, he had fallen in love with her while she recited from the more ponderous passages in The Ring and the Book.

（*A Perfect Wife* by Ellen Glasgow）

　　[25]' 在维多利亚背诵《指环与书》中沉闷的段落时，他竟然爱上了她，现在看起来真难以置信。

　　[26] He tried to remember the name of the new owners of the a High Street mansion.

（*O' Sheen Is Best Man* by Leroy Yerxa）

　　[26]' 迪试着想起这幢正街大户的新主人的名字。

　　例[25]、例[26] 中，英语第三人称代词 "she"、"He"，其汉语对应体是首次提及的人名 "维多利亚"、"帕迪"。

　　情形4：英语为第三人称代词——汉语复现已经提及的名词。

　　[27] She settled back comfortably.

（*O' Sheen Is Best Man* by Leroy Yerxa）

　　[27]' 女孩往后坐了坐好让自己更舒服些。

　　[28] These unhappy creatures were hustled hither and thither, and finally one, waving his arms like a marionette unhinged, lost his balance and fell back into a boat. It immediately bore him off with a cry of triumph.

（*Landing at Maita* by Henry De Monfreid）

　　[28]' 不幸的旅客们被推来操去，直至最后其中一位像断了线的木偶一样（他的）手臂乱舞，终于失了（他的）重心，仰面翻入一艘船内。随着一声欢呼，这船立即载之而去。

　　例[27]、例[28] 中，英语第三人称代词 "she"、"It"，其汉语对应体是首次提及的人名 "女孩"、"这船"。

9. "定冠词/简单重复"名词词组

英汉对等翻译语料中，再次提及的"定冠词/简单重复"名词词组共有47例，相对应的汉语对应体有12例，不对应的汉语对应体有35例。不对应的情形是：英语为定冠词/简单重复名词词组——汉语为无冠词/名词：

[29] the little butterfly changed into a beautiful fairy. The young girl rubbed her eyes in disbelief. "For your wonderful kindness" the good fairy said to the girl, " I will grant you any wish you would like."

(The Secret of Happiness)

[29]' 小蝴蝶变成了一个美丽的仙女。小女孩使劲大揉了揉眼睛，不敢相信。"为了感谢你的好心肠，"仙女对女孩说，"我将帮助你实现你的任何愿望"。

例 [29] 中，再次提及的定冠词/简单重复英语名词词组"the good fairy"，其汉语对应体是无冠词名词"仙女"。

10. "定冠词/同指换说"名词词组

英汉翻译对等语料中，再次提及的"定冠词/同指换说"名词词组共有37例，相对应的汉语对应体有18例，不对应的汉语对应体有19例。不对应的情形有以下两种：

情形1：英语为定冠词/同指换说名词词组——汉语为无冠词名词。

[30] His feet seemed to be touching another wall. Evidently a small closet, a thread of light on his groping hands indicating the location of a door crack. He shifted with elaborate caution. He couldn't

see anyone in the lighted room but the voices now came through distinctly as he laid his ear against the opening.

(*It's in the Book* by E.E.Halleran)

[30]' 他的背靠在一面墙上，肩膀两侧都很挤，双脚似乎是蹬着另一面墙。显然，这是一个小壁橱。照在他手上的一丝光线显示门缝的位置。他小心翼翼地动动身子。他根本看不到外面亮光的房子里有什么人，但当他把耳朵靠近门缝时却可以真切地听到外面的说话声。

例 [30] 中，再次提及的定冠词/同指换说英语名词词组 "the opening"，其汉语对应体是无冠词名词 "门缝"。

情形2：英语为定冠词/同指换说名词词组——汉语为类冠词 "这" 名词。

[31] The lovely old woman simply smiled and said, "she told me that everyone, no matter how secure they seemed, no matter how old or young, how rich or poor, had need of me."

(*The Secret of Happiness*)

[31]' 这位天真的老妇人笑着说道："她跟我说，所有的人，不论他们看上去多么无忧无虑，不论他们是衰老还是年轻，不论他们是富有还是贫穷，都很需要我。"

例 [31] 中，再次提及的定冠词/同指换说英语名词词组 "The lovely old woman"，其汉语对应体是类冠词 "这" 名词 "这位天真的老妇人"。

5.2.2　不对应情形统计结果分析

从以上实例观察来看，英汉参与者标识手段的不对应情形大体可以归纳为以下三大类："英有汉无"、"英有汉省"、"英此汉彼"。本节将从这三大类出发，针对不对应情形语料观察结果进行解释性分析。

5.2.2.1　"英有汉无"不对应情形

出现"英有汉无"不对应情形的参与者标识手段有："类指"名词词组、"定冠词"专有名词、首次提及的"无标记"名词词组、首次提及的"定冠词"名词词组、再次提及的"定冠词/简单重复"名词词组、再次提及的"定冠词/同指换说"名词词组。 这种"英有汉无"不对应情形的特点是：英语是带有冠词（定冠词和不定冠词）的名词词组，汉语对应体则是无冠词名词。英汉这种不对应情形的主要原因是：英语具有二元性冠词系统（定冠词/不定冠词），汉语则没有。

英语冠词是附在普通名词前的一种虚词。从参与者标识角度来讲，冠词系统是英语语言的一个特色，"英语借由冠词系统（定冠词/不定冠词），为每一次提及的参与者进行可回找性编码……一般来说，冠以不定冠词的名词词组将参与者身份编码为不可回找；冠以定冠词的名词词组将参与者身份编码为可以回找"（J.R.Martin，2004: 98）。

传统观点认为汉语没有冠词，"一（些）"和"这/那（些）"被视作数量词和指示代词。但也存在汉语数词"一（些）"虚化为不定冠词、"这/那（些）"虚化为定冠词的观点（樊长荣， 2008: 57）。此外，"'a'、'the'、'this'、'that' 传统意义上都属于 'determiners'"（Andrew Radford，2000: 52）。本文认同汉语类冠词的观点，并据此将汉语名词词组分为三类：类冠词"一（些）"名词，类冠词"这/那

（些）"名词，无冠词名词。英汉语际转换时，带有不定冠词、定冠词
的英语名词词组主要有以下汉语对应体：

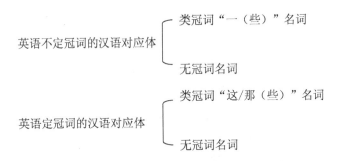

英语不定冠词的汉语对应体 —— 类冠词"一（些）"名词

　　　　　　　　　　　　　 —— 无冠词名词

英语定冠词的汉语对应体 —— 类冠词"这/那（些）"名词

　　　　　　　　　　　　 —— 无冠词名词

　　本文从形式对应的角度出发，将类冠词"一（些）"名词视为
与英语不定冠词名词词组相对应的汉语对应体；将类冠词"这/那
（些）"名词视为与英语定冠词名词词组相对应的汉语对应体；将无
冠词名词视为与英语无冠词名词词组相对应的汉语对应体。

　　"英有汉无"不对应情形的语料统计结果显示：

　　（1）首次提及的英语不定冠词名词词组中，70%以上汉译为类
冠词"一"名词，20%以上汉译为无冠词名词。本文认为，较低的比例
与首次提及有关。

　　（2）带不定冠词的英语"类指"名词词组汉译时通常省略类冠
词"一"。"类指"名词词组的预设信息存在于文化语境，这是汉语对
应体省略类冠词"一"的主要原因之一。类似情况还有预设信息存在
于文化语境的"定冠词"专有名词。

　　（3）首次提及的"定冠词"名词词组中，9%汉译为类冠词"这"
名词，91%汉译为无冠词名词。虽然是首次提及，带有"定冠词"的名
词词组意味着预设信息可以找回，本文认为这是汉语对应体省略类
冠词"这"的主要原因之一。

　　（4）带有"定冠词"的再次提及"简单重复"名词词组和"同指

换说"名词词组的预设信息存在于前文，这是其汉语对应体省略类冠词"这"的主要原因之一。

5.2.2.2 "英有汉省"不对应情形

出现"英有汉省"不对应情形的参与者标识手段有："领属形容词"相关性名词词组，再次提及第三人称代词，再次提及第三人称反身代词。这种"英有汉省"的不对应情形主要表现为：汉译时，全部或部分省略英语参与者标识手段表达式。

"英有汉省"不对应情形的语料统计结果显示：

（1）英语领属形容词对应着汉语中充当定语或定语性修饰语的人称代词。在141例英语"领属形容词"相关性名词词组中，99例为不对应的汉语对应体，其中50例为省略领属形容词的汉语对应体。约80%涉及人体部位、亲属的英语领属形容词在汉译时被省略。此外，英语"领属形容词"名词词组的汉语对应体做宾语时，领属形容词常被省略。

（2）英语人称代词对应着汉语的人称代词。在328例再次提及的第三人称代词中，90例为不对应的汉语对应体。90例不对应的汉语对应体中，47例为省略第三人称代词的汉语对应体。汉语第三人称代词省略的发生多与英汉句法结构差异有关。

（3）英语反身代词表示动作返回动作发出者，可以做句中名词、代词的同位语，起强调作用。英语反身代词对应着汉语人称代词"自己"、"本人"或"人称代词+自己"。做宾语的第三人称反身代词，其汉语对应体有时被省略。

5.2.2.3 "英此汉彼"不对应情形

"英此汉彼"不对应情形主要表现为语法类别、形式上的转借。出现"英有汉无"不对应情形的参与者标识手段有："领属形容词"

相关性名词词组、再次提及第三人称代词。英汉语际转换时，"领属形容词"相关性名词词组、再次提及第三人称代词主要有以下"英此汉彼"的汉语对应体：

<pre>
                                    ┌ 省略领属形容词的名词
                                    │
                                    │ "反身代词"名词
"领属形容词"相关性名词词组 ─┤
                                    │ "名词所有格"名词
                                    │
                                    └ "人称代词"名词

                                    ┌ 省略第三人称代词
                                    │
                                    │ 第三人称反身代词
再次提及第三人称代词 ─────┤
                                    │ 复用已经提及的人名专有名词
                                    │
                                    └ 复用已经提及的名词
</pre>

"英此汉彼"不对应情形的语料统计结果显示：

在英语"领属形容词"相关性名词词组的不对应汉语对应体中，49例属于"英此汉彼"不对应情形——"反身代词"名词词组有4例，"名词所有格"名词词组有2例，"人称代词"名词词组有43例。"人称代词"名词词组可以再分为以下三种不对应情形：

（1）与修饰成分连用。例如：

her candid gaze——她诚恳的凝视

her natural frigidity——她天性中的保守

（2）与介词短语连用

her love for——她对……的爱

his fear for the future——他对未来的恐惧

（3）与动词连用

his coasting voyages——他沿海航行

his many-colored rainbow cape——他身披七色的彩虹斗篷

在再次提及第三人称代词的不对应汉语对应体中，43例属于"英此汉彼"不对应情形。其中，第三人称反身代词有2例，复用已经提及的人名有30例，复用已经提及的名词有11例。语料考察显示：（1）作为从句主语的英语第三人称代词，汉译为第三人称反身代词，主要起强调作用；（2）另起一段时，或相隔较久时，英语第三人称代词汉译为已经提及的人名；（3）英语第三人称代词连续汉译为已经提及的名词。

5.3 小结

本文将参与者语法标识设为英汉参与者标识手段静态对比研究层面，对比项是英汉参与者词汇语法手段（专有名词、代词、名词词组），对比研究思路是：从英汉语篇参与者语法标识手段对应率入手，先通过小规模语料考察得出初步结论，然后基于叙述语篇翻译对等语料进行英汉参与者标识手段类别对应率和英汉参与者标识手段对应率的统计，针对统计结果中对应率相对较低的参与者标识手段进行实例观察并归纳出三类不对应情形，最后就导致英汉参与者标识手段不对应的原因进行解释性分析。值得注意的是，英汉参与者标识手段静态对比研究结果显示，英汉句法差异并不是导致英汉参与者标识手段不对应的唯一因素，不对应似乎也与语篇动态发展中英汉参与者标识手段因循的规律有关。可以从中得到的启示是：静态对比研究仍不足以解释英汉参与者标识手段的个性差异，还需要进行动态对比研究，以探索导致英汉参与者标识手段不对应情形的语篇因素，从而获得更有说服力的解释。

第六章／英汉参与者标识手段动态对比研究

　　语篇参与者被首次、再次或多次提及时所做的语法标识手段选择，构建了参与者标识链。参与者标识链可以说是参与者在语篇中动态发展的轨迹，这一发展轨迹无疑因循了一定的规律。本章将进行英汉参与者标识手段的动态对比研究，从参与者标识链因循原则切入，提出关于参与者标识链因循原则的假设，并进行基于叙述语篇英汉/汉英对等翻译语料的验证性统计和分析，以期从中发现语篇动态视角下英汉参与者标识手段的共性和个性。

6.1 参与者标识链语篇分析模式

　　本节首先探讨Halliday & Hasan的衔接纽带（cohesive tie）和Martin的指称链（reference chain）的语篇分析模式，以此为基础并结合参与者标识链的特点建立参与者标识链的语篇分析模式。

6.1.1 Halliday衔接纽带语篇分析模式

Halliday & Hasan（2003：329-55）指出，语篇衔接分析离不开一个重要概念——纽带（tie），纽带是一个涉及两个语篇成分（presupposing item and presupposed item）之间关系的概念。Halliday & Hasan探讨了衔接纽带的结构类型，为衔接手段进行了编码，提出了衔接纽带的语篇分析步骤，并提供了衔接纽带的语篇分析示例。

1. 衔接纽带的结构类型

根据预设对象的位置，衔接纽带可以分为四种类型：相邻式衔接纽带（Immediate tie），媒介式衔接纽带（Mediated tie），远距离衔接纽带（Remote tie），媒介/远距离衔接纽带（Mediated / Remote tie）（Halliday & Hasan，2003：330-31），见例 [1]：

[1]（1）The last word ended in a long bleat, so like a sheep that **Alice** quite started.（2）**She** looked at the Queen, who seemed to have suddenly wrapped herself up in wool.（3）**Alice rubbed** her eyes, and looked again.（4）**She** couldn't make out what had happened at all.（5）Was **she** in a shop?（6）And was that really—was it really a sheep that was sitting on the other side of the counter?（7）**Rub** as she would, **she** could make nothing more of it.

（Halliday & Hasan, 2003: 330）

相邻式衔接纽带：当预设成分所在的句子紧邻被预设成分所在的句子时，所形成的衔接纽带就是相邻式衔接纽带（例如：句2中的

she与句1中的Alice、句4中的she与句3中的Alice）。

媒介式衔接纽带：预设成分虽然有了一个被预设成分（B），但必须依据另一个被预设成分（A）才能找回预设信息。这样，被预设成分（B）充当了媒介（媒介成分），这种衔接纽带就是媒介式衔接纽带。例如，句5中she的被预设成分是句4中的she，只有借由句4中的she的被预设成分Alice，才能找回预设信息。

远距离衔接纽带：预设成分与被预设成分相隔较远（间隔数句或间隔数段）且其间没有媒介成分的衔接纽带就是远距离衔接纽带（如：句7中的Rub与句3中的rubbed）。由于本文关注的是由名词性词语落实的参与者标识手段，句7中的Rub与句3中的rubbed仅作"远距离衔接纽带"示例用。

媒介/远距离衔接纽带：预设成分与被预设成分相隔较远（间隔数句或间隔数段）且其间有媒介成分的衔接纽带就是媒介/远距离衔接纽带。例如，句7中she的被预设成分不在句6中，而是在句5中，因此形成远距离衔接纽带；同时，句7中的she需要借由媒介成分（句5中的she和句4中的she）才能找回预设信息（句3中的Alice）。

我们以例 [1] 为例，列表示例其中的相邻式衔接纽带，媒介式衔接纽带，远距离衔接纽带和媒介/远距离衔接纽带，见表6.1：

表6.1　　　Halliday & Hasan衔接纽带结构类型示例

cohesive tie	presupposing item	mediating item	presupposed item
immediate tie	（S2）She		（S1）Alice
	（S4）She		（S3）Alice
mediated tie	（S5）she	（S4）She	（S3）Alice
remote tie	（S7）Rub		（S3）rubbed
mediated / remote tie	（S7）she	（S5）she （S4）She	（S3）Alice

2. 衔接手段的编码

为了便于描述，Halliday & Hasan为衔接手段、衔接距离和预设信息找回方向进行了编码。本文只考察名词性成分衔接，因此略去了成分衔接中的动词。见表6.2、表6.3、表6.4：

表6.2   Halliday & Hasan衔接手段编码

type of cohesion	coding
REFERENCE:	R
1. pronominal	1
（1）singular, masculine	11
（2）singular, feminine	12
（3）singular, neuter	13
（4）plural	14
1（1-4）functioning as:	
（a）non-possessive, as Head	6
（b）possessive, as Head	7
（c）possessive, as Deictic	8
2. demonstratives and definite article	2
（1）demonstrative, near	21
（2）demonstrative	22
（3）definite article	23
2（1-3）functioning as:	
（a）nominal, Deictic or Head	6
（b）place adverbial	7
（c）time adverbial	8
3. comparatives	3
（1）identity	31
（2）similarity	32
（3）difference	33
（4）comparison, quantity	34
（5）comparison, quality	35

3（1-5）functioning as
  （a）Deictic（1-3）   6
  （b）Numerative（4）   7
  （c）Epithet（5）   8
  （d）Adjunct or Submodifier 9

SUBSTITUTE: S

1. Nominal substitute   1

  （1）for noun Head   11
  （2）for nominal Complement 12
  （3）for Attribute   13

2. Verbal substitute（omitted）
3. Clausal substitute（omitted）

ELLIPSIS: E

1. Nominal ellipsis   1

  （1）Deictic as Head   11
  ⅰ. specific   1
  ⅱ. non-specific   2
  ⅲ. non-specific Deictic   3
  （2）Numerative as Head   12
  ⅰ. ordinal   1
  ⅱ. cardinal   2
  ⅲ. indefinite   3
  （3）Epithet as Head   13
  ⅰ. superlative   1
  ⅱ. comparative   2
  ⅲ. others   3

2. Verbal ellipsis（omitted）
3. Clausal ellipsis（omitted）

LEXICAL: L

1. Same item   1
2. Synonym/Near synonym/Hyponym 2
3. Superordinate   3
4. General item   4
5. Collocation   5

（Halliday & Hasan, 2003: 333-338）

表6.3   Halliday & Hasan衔接距离编码

distance and direction of cohesion	coding
IMMEDIATE	0
NOT IMMEDIATE:	
mediate (number of intervening sentences)	M (n)
remote non-mediated (number of intervening sentences)	N (n)

（Halliday & Hasan, 2003: 339）

表6.4   Halliday & Hasan预设信息找回方向编码

distance and direction of cohesion	coding
aanaphoric	A
cataphoric	K

（Halliday & Hasan, 2003: 339）

3. 衔接纽带语篇分析模式示例

我们可以依照Halliday & Hasan提供的衔接纽带语篇分析示例（Halliday & Hasan，2003：340-55），对语篇中的衔接纽带用图表展示和描述。表6.5是本文基于例文 [1] 所做的衔接纽带语篇分析表。

表6.5   Halliday & Hasan衔接纽带语篇分析模式示例

sentence number	No. of ties	cohesive item	cohesive type	distance of cohesion	presupposed item
2	3	She	R12.6	0	Alice
3	3	Alice	L1.6	N.1	Alice
4	1	She	R12.6	0	Alice
5	1	she	R12.6	M.1	she→Alice
7	5	she	R12.6	M.2+N.1	she→Alice

（Halliday & Hasan, 2003: 340）

4. 衔接纽带语篇分析模式的特点

(1) 标注句子所包含的衔接纽带数量

(2) 标注衔接手段的结构类型 （表6.1）

(3) 标注衔接手段类型（表6.2）

(4) 标注衔接距离 （表6.3）

(5) 标注预设信息找回方向 （表6.4）

(6) 列表分析

6.1.2 Martin指称链语篇分析模式

Martin（2004：140）指出，指称结构是一种协变量（covariate）结构。指称性（phoric）成分与被预设成分具有语义上的关联，但并不一定具有语法上的关联。Martin称这种源自标识体系指称选择的协变量结构为指称链（reference chains）。Martin探讨了指称链结构类型和指称链类型，并提供了衔接纽带的语篇分析示例。

1. 指称链的结构类型

(1) 基本结构

一个指称链至少包含两个成分：一个是预设成分（presuming item），一个是被预设成分（presumed item）。两个成分构成了一个"链"（chain）——指称链的基本单位，指称链则由一个以上的"chain"组成。我们来看例[2]中的指称链：

[2] **Happiness** passed by Love too, but she was so happy that she did not listen when Love called **her**!

(The Island of Feelings)

例 [2] 中的指称链可以图示为：

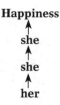

如上图所示，指称链由3个"链"组成：**Happiness—she，she—she，she—her**，在这个由3个"链"组成的指称链中我们看到，预设成分（如：第二个、第三个"she"）同时也是被预设成分。

（2）"合/分"或"分/合"结构

指称链可呈"合/分"或"分/合"结构。我们来看例 [3] 中的指称链：

[3] **The boy** and **the dog** woke up and saw that the frog was missing, With **the boy** leading the way, **they** headed off for the woods, with **the boy** leading the way and **the dog** following behind him.

（Martin, 2004: 141-142）

例 [3] 中的指称链可以图示为：

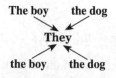

如上图所示，"**The boy**"和"**the dog**"指称的是两个不同的参与者，之后这两个参与者被"**They**"合并提及（合指），再接着"**They**"之后又被分指为"**the boy**"和"**the dog**"。

2. 指称链的类型

Martin（2004: 140-153）从预设信息源着手探讨了不同情形的指

称链。本文从中归纳出以下8种类型：

（1）篇外语言预设信息源（verbal / homophora）。例如，在 "Is **the cat** in? –Yes，**she**'s upstairs."（Martin，2004：143）中，**"she"** 是预设成分，**"the cat"** 是被预设成分，其预设信息源位于篇外文化语境。

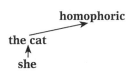

（2）篇外非语言预设信息源（non-verbal / exophoric）。例如，在 "Pass me **that one**，will you?—Here，take **it**."（Martin，2004：142）中，**"it"** 是预设成分，**"that one"** 是被预设成分，其预设信息源位于情景语境（exophora）中。

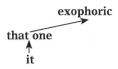

（3）篇内前指预设信息源（endophora / anaphora）。例如，在 "Beside an old brown blanket，a map，and a couple of empty soda cans，he'd found **a man's denim jacket**. He wore **it** over the orange jumpsuit now."（Just a little Joke by Edie Hanes）中，**"it"** 是预设成分，**"a man's denim jacket"** 是被预设成分。**"a man's denim jacket"** 成为 **"it"** 的预设信息源。

a man's denim jacket
↑
it

（4）篇内后指预设信息源（endophora / cataphora）。例如，在 "I remember the way the light touched her hair. **She** turned her head， and our eyes met, a momentary awareness in that raucous fifth grade classroom. I felt as though I'd been struck a blow under the heary. Thus begain my first love affair. Her name was **Rachel**"(*First Love by John Walters*)中，"**She**"是预设成分，位于下文的"**Rachel**"成为"She"的预设信息源。

She
↓
Rachel

（5）篇内后置名词词组内预设信息源（endophora / esphora）。例如，在"Then **the guy we saw shouting** came up and screamed at us like this: 'You bloody stupid pommie bastard'"（Martin，2004：143）中，"**the guy**"是预设成分，"**we saw shouting**"是被预设成分。位于后置名词词组内的"**we saw shouting**"为"**the guy**"提供了预设信息源。Esphora被Martin看做是structural cataphora。

the guy
↓
we saw shouting

（6）相关性预设信息源（relevence）。例如，在"He was not the man to force **his girls** upon anybody. As time went on, Nostromo discovered his preference for **the younger of the two.**"（Nostromo by Joseph Conrad）中，"**the younger of the two**"与"**his girls**"具有语义上的关联。"**his girls**"为"**the younger of the two his frog**"提供了部分预设信息。

his girls
↓
the younger of the two his frog

（7）即刻性预设信息源（instantial）。例如，在"The boy was looking for his frog. He eventually found one, but he didn't realize **it** was **his frog**."（Martin，2004：144）中，"**his frog**"是"**it**"的预

设信息源。

$$
\begin{array}{c}
\text{it} \\
\downarrow \\
\text{his frog}
\end{array}
$$

（8）类指预设信息源（generic）。例如，例［4］中包含三个独立的指称链，被预设成分 **"Cool deserts"** 为预设成分 **"they"**、**"them"** 提供了类指预设信息。

　　［4］**Cool deserts** are found further polewards in the deep interiors of large continents like Eurasia or where mountains form rain-shadows, which keep out rain beating winds that might otherwise bring wet conditind… [For much of the year **they** may not look like deserts because they are lightly covered with snow. But the snow is not very deep and because it does not melt and run off gives a false impression of how wet **cool deserts** are. In winter **they** simply save whatever precipitation **they** get. **Cool deserts** can in fact be every bit as dry as the Sahara and some of **them** are even driver.]

（Martin, 2004:103）

$$
\begin{array}{c}
\text{Cool deserts} \\
\uparrow \\
\text{they} \\
\uparrow \\
\text{they Cool deserts} \\
\uparrow \\
\text{they} \\
\uparrow \\
\text{they Cool deserts} \\
\uparrow \\
\text{them}
\end{array}
$$

3. 指称链的语篇分析模式示例

　　我们从语料中抽取两个完整语篇（见例［5］和例［6］），使用 Martin指称链语篇分析模式进行实例展示和分析，便于观察和发现该模式的特点。见图6.1和图6.2：

[5] (1) There is a wonderful fable about **a young orphan girl** who hah no family and no one to love **her**.

(2) One day, feeling exceptionally sad and lonely, **she** was walking through a meadow when **she** notice **a small butterfly** caught unmercifully in **a thornbush**.

(3) The more **the butterfly** struggled to free **itself**, the deeper **the thorns** cut **its fragile body**.

(4) **The young orphan girl** carefully released **the butterfly** from **its captivity**.

(5) Instead of flying away, **the little butterfly** changed into **a beautiful fairy**.

(6) **The young girl** rubbed **her eyes** in disbelief.

(7) "For your wonderful kindness," **the good fairy** said to **the girl**," I will grant you any wish you would like."

(8) **The little girl** thought for a moment and then replied, "I want to be happy!"

(9) **The fairy** said," Very well, " and leaned toward **her** and whispered in **her ear**.

(10) Then **the good fairy** vanished.

(11) As **the little girl** grew up, there was no one in the land as happy as **she**.

(12) Everyone asked the secret of **her happiness**.

(13) **She** would only smile and answer, "The secret of my happiness is that I listened to a good fairy when I was a little girl."

(14) When **she** was very old on her deadbed, **the neighbors** all rallied around **her**, afraid that **her** fabulous secret of happiness would die with **her**.

(15) "Tell us, please," **they** begged, "tell us what the good fairy said."

(16) **The lovely old woman** simply smiled and said, "she told me that everyone, no matter how secure they seemed, no matter how old or young, how rich or poor, had need of me."

(*The Secret of Happiness*)

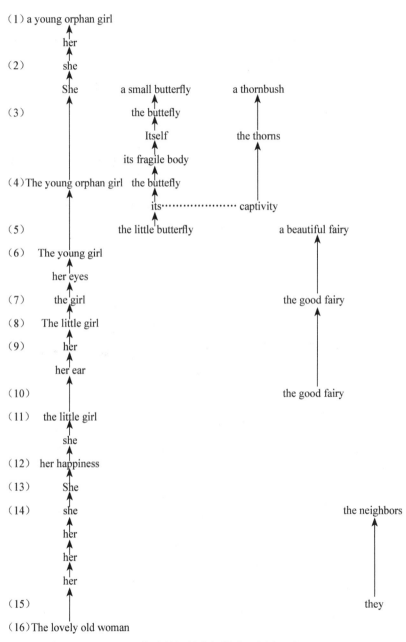

图6.1 Martin指称链语篇分析模式示例（一）

[6] (1) The weather had been unusually warm for May in Brandom, Mississippi.

(2) **My wife Pat and I** were nursing **a Sunday-morning cup of coffee** on our desk and watching thunderhead build rapidly into mountainous clouds on **the southern horizon**.

(3) There was barely any breeze, and the humidity was so thick you could almost roll it in your palms.

(4) By the time **we** finished **our second cup, the sky** had turned black.

(5) Lightning danced across **the horizon**, accompanied by low, **rumbling thunder**.

(6) Only seconds after the first drops of rain had driven **us** inside, **the phone** rang.

(7) When **Pat** picked up the receiver, **her face** became the only bright spot in that gloomy day.

(8) It was **our son, David**, an Army helicopter pilot.

(9) Three months earlier, **he** had earned his silver wings and begun a one-year assignment in South Korea, stationed near the demilitarized.

(10) **David** made a valiant effort to sound cheerful, but we knew better from the tone of **his voice**.

(11) As a man who spent time during World War Ⅱ on a minu-scule South Pacific island, **I** recognized the symptoms of acute homesickness.

(12) Gradually, the curative powers of conversation made us all

feei better, until **a booming clap of thunder** shook the windows only inches from **the phone Pat and I** were using.

(13) "What was that?" **David** asked, "It sounded like an explosion."

(14) "Just sounder," **Pat** said," It's been raining here all week."

(15) There were several seconds of silence,

(16) "David," **I** asked, "Are you still there?"

(17) "I was thinking about what Mother said--- 'just thunder.' Other than the two of you, do you know what I miss most of all---what many of the men say they miss? Thunder. We have rain, wind, snow and some violent storms, but it never thunders."

(18) "Rememeber, Dad, when I was a boy?" **he** continued. "How the two of us would strech out on the floor and listen to the thunder? How you'd laugh to keep me feom being afraid?"

(19) "I remember, " **I** said, trying to ignore the lump in my throat.

(20) "I wish I were there now to listen with you, " **he** said softly.

(21) As soon as **I** hung up the phone, I got **my tape recorder, my large golf umbrella** and a wooden chair. "I'm going to record our son some thunder." **I** told **Pat**.

(22) "Bob, the neighbors will think you're crazy."

(23) "David won't," I said, and wen outside.

(24) With lightning flickering across **the sky** like a fireworks display, **I** sat in the driving rain beneath **my umbrella** and recorded

half an hour of the finest Mississippi thunder a lonesome man could ever want to hear.

（25）The next day I mailed the tape to **David** with a single line: "A special gift"

（26）Three weeks later **David** called again.

（27）This time **he** was his old self.

（28）"Dad," **he** said, "you won't believe what I did last night. I invited some friends over to my quarters for a thunder party. When we heard the tape, we all reacted the same way. Instant silence, followed by a few minutes of sadness. But once we were listening to the sounds of home, we felt better and enjoyed great party, like we'd been relieved of a heavy burden. I can't tell you how much that tape meant to me," he continued, "I can make it now. Thanks, Dad! It really was a special gift."

（29）It also became a special gift for **Pat** and **me**.

（30）For the next eight months, while **David** was in Korea, we found **ourselves** looking forward to **thunderstorms**.

（31）Rather than feeling depressed on gloomy days, **we** came to regard **the storms** as special.

（32）**Each rumble** seemed to tie us closer to a son so far from home.

（33）And even though it thunders in Minnesota, where **David** is now instructing Army aviators, the gift of thunder has become a tradition for **us**.

（34）It lets **us** know that no matter where in the world we may be, **we**'re linked together as a family.

（Sounds of Home by Bob V. Moulder）

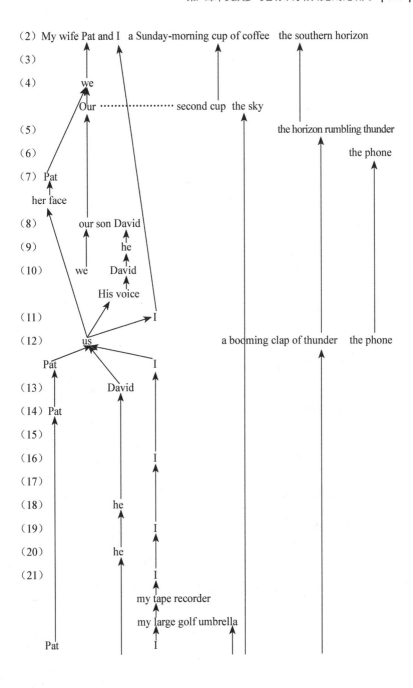

（2）My wife Pat and I　a Sunday-morning cup of coffee　the southern horizon

（3）

（4）　　　　we

　　　　　Our ·················· second cup　the sky

（5）　　　　　　　　　　　　　　　　the horizon rumbling thunder

（6）　　　　　　　　　　　　　　　　　　the phone

（7）Pat

　　her face

（8）　　our son David

（9）　　　　　he

（10）　we　David

　　　　His voice

（11）　　　　　I

（12）　　us　　　　a booming clap of thunder　the phone

　　Pat　　　　I

（13）　　David

（14）Pat

（15）

（16）　　　　I

（17）

（18）　　he

（19）　　　　I

（20）　　he

（21）　　　　I

　　my tape recorder

　　my large golf umbrella

　Pat　　I

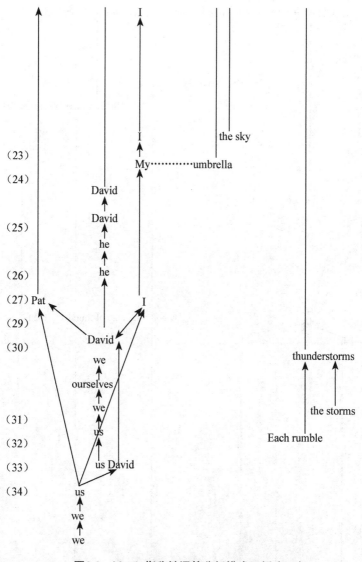

图6.2 Martin指称链语篇分析模式示例（二）

4. 指称链语篇分析模式的特点

Martin指称链的语篇分析模式具有以下特点：

(1) 为语篇中的句子编号

(2) 标注句子中的参与者

(3) 按照句子编号顺序标注每个参与者的链状指称链

(4) 标注"合/分"、"分/合"结构

(5) 不单独标注"领属形容词"名词词组和其他关联性名词词组

(6) 图示分析

6.1.3 参与者标识链语篇分析模式的构建

Halliday衔接纽带语篇分析模式以及Martin指称链语篇分析模式，为我们探讨参与者标识链分析模式提供了思路和方法。本节将借鉴Halliday及Martin的研究思路和分析方法，结合本文关于参与者标识链的基本论断，形成参与者标识链的分析模式。内容主要包括：参与者标识链的结构类型、参与者标识链的类型、参与者标识链的标注、参与者标识链的语篇分析模式。

1. 参与者标识链的结构类型

(1) 参与者标识链与衔接纽带

Halliday & Hasan从衔接的角度出发，根据预设成分和被预设成分的相对位置对衔接纽带进行了分类（相邻式衔接纽带immediate tie，媒介式衔接纽带mediated tie，远距离衔接纽带remote tie，媒介/远距离衔接纽带mediated/remote tie）。在进行语篇衔接分析时，这种分类便于我们观察语篇成分之间的衔接距离。从某种意义上来讲，本文所探讨的参与者标识链结构是衔接纽带四种结构的统一体——参与者标识链结构既可以是相邻式，又可以是媒介式、远距离式或远距离/媒介式。需要强调的是，参与者标识链由首次、再次或多次提及的由名词性词语落实的参与者标识手段表达式组成，不涉及动词或动词词组。

（2）参与者标识链与指称链

Martin指称链的基本结构是"链"状结构，每个"链"由预设成分和被预设成分组成。一个"链"中的预设成分可以是下一个"链"中的被预设成分；一个"链"中的被预设成分又可以是上一个"链"中的预设成分。本文所探讨的参与者标识链结构从某种意义上讲也属于"链"状结构。但是，基于参与者标识链的同指性，参与者标识链上的预设成分和被预设成分具有唯指性，因此，Martin指称链上的具有关联性的"领属形容词"名词词组或"合/分或分/合"结构，将不视做参与者标识链上的标识手段表达式，而被归入相关性参与者标识链的结构类别。

（3）参与者标识链的结构类型

对于参与者标识链结构类型的划分，我们所遵循的基本原则就是我们在第三章阐明的关于参与者标识链的基本论断，即：参与者标识链上再次提及标识手段与首次提及标识手段指称的是同一个参与者；参与者的同一性决定参与者标识链的同指性；参与者标识链的同指性决定参与者标识链的提示性照应性质。本文将参与者标识链结构分为两种：首次提及参与者标识链结构和相关性首次提及参与者标识链结构。

（a）首次提及参与者标识链：由指称同一个参与者的首次、再次（或多次）提及标识手段表达式组成的链状结构叫首次提及参与者标识链结构。首次提及参与者标识链的特点是：链上标识手段表达式具有同指关系。

（b）相关性首次提及参与者标识链：相关性首次提及参与者标识链是本文提出的一个重要概念。我们注意到，Martin指称链上具有关联性的"领属形容词"名词词组（见图6.2中的"**my large golf umbrella**"）以及"合/分或分/合"结构（见图6.2中的"**My wife Pat and I**"/"**Pat**"/"**I**"/"**we**"）都可以引发一个新的参与者标识链，我们将这一新的参与者标识链称做"相关性首次提及参与者标识链"。其特点是：链上的第一个标识手段表达式只能为链上其他标识手段表达式提供部分预设信息源，需要以第一个标识手段表达式为媒介，方能找回另一部分预设信息源。

相关性首次提及参与者标识链本身同样具有同指性。因此这一概念的提出可以解决将"领属形容词"名词词组、"合/分或分/合"结构"或其他类似的相关性名词词组从指称链上剥离后的问题。我们以图 6.2 为例，对由"**My wife Pat and I**"引发的指称链进行相关性名词词组的剥离后，我们得到了一个首次提及参与者标识链、四个相关性首次提及参与者标识链和个未引发新的参与者标识链的相关性名词词组：

首次提及参与者标识链：

My wife Pat and I: we / we / we / ourselves / us / us / we / we / we

相关性首次提及参与者标识链：

Pat: Pat / Pat / Pat / Pat /

our son David: he / David / David / he / he / David / David / he / he / David / David

I: I / I / I / I / I / I / I / I / I /

my large golf umbrella: My umbrella

未引发新的参与者标识链的相关性名词词组：

her face, his voice, my tape recorder

2. 参与者标识链的类型及编码

参与者标识链由两部分组成：链首（链上第一个标识手段表达式），链身（第二个以后的标识手段表达式）。我们可以按照链首表达式的语法手段类型进行分类（语法手段分类法），也可以按照链首表达式提供的预设信息源进行分类（预设信息源分类法）：

（1）使用语法手段分类法可以将参与者标识链分为三类：名词词组类参与者标识链、代词类参与者标识链、专有名词类参与者标识链。

（2）使用预设信息源分类法可以将参与者标识链分为八类：类指（名词/代词）参与者标识链、无标记名词词组参与者标识链、有标记名词词组参与者标识链、定冠词名词词组参与者标识链、专有名词参与者标识链、人称代词参与者标识链、外指参与者标识链、相关性名词词组参与者标识链。

我们对参与者标识链结构类型、参与者标识链类型、参与者标识手段进行了编码（见表6.6、表6.7）：

（1）参与者标识链结构类型的编码：

首次提及参与者标识链结构——**1^{st}mC**

相关性首次提及参与者标识链结构——**RelmC**

（2）参与者标识链类型（语法手段分类法）以及参与者标识手段的的编码：

名词词组类参与者标识链——**NomC**

代词类参与者标识链——**PronC**

专有名词类参与者标识链——**PropC**

（3）参与者标识链类型（预设信息源分类法）以及参与者标识手段的编码：

类指（代词、名词词组）——**genC**

表 6.6　　参与者标识链类型（语法手段分类法）编码示图

$1_m^{st}C$	NomC	generic/nominal
		nominal/unmarked
		nominal/marked/unrestricted
		nominal/marked/nonparticular
		nominal/marked/particular
		nominal/marked/major role
		nominal/definite article
		nominal/co-classification/comparison
		nominal/co-classification/substitution
		nominal/co-classification/selective
		nominal/co-classification/member
		presuming/relevance/nominal/co-classification/ellipsise
		relevance/Join-split / nominal
	PronC	generic/pronominal
		pronominal/Interlocuter
		pronominal/non-interlocuter
		demonstrative
		relevance/Join-split / pronominal
	PropC	proper noun/efinite article
		proper noun/inefinite article

无标记名词词组——**unmC**

有标记名词词组——**marC**

定冠词名词词组——**defC**

专有名词——**propC**

人称代词——**pron/perC**

外指——**exoC**

相关性名词词组——**relC**

表 6.7　　参与者标识链类型（预设信息源分类法）编码示图

1st mC	genC	generic/pronominal
		generic/nominal
	unmC	nominal/unmarked
	marC	nominal/marked/unrestricted
		nominal/marked/nonparticular
		nominal/marked/particular
		nominal/marked/major role
	defC	nominal/definite article
	propC	proper noun/efinite article
		proper noun/inefinite article
	pron/perC	pronominal/Interlocuter
		pronominal/non-interlocuter
	exoC	demonstrative
RelmC	relC	nominal/possessive case/possessive adjective
		nominal/co-classification/comparison
		nominal/co-classification/substitution
		nominal/co-classification/selective
		nominal/co-classification/member
		presuming/relevance/nominal/co-classification/ellipsise
		relevance/Join-split / nominal
		relevance/Join-split / pronominal

3. 参与者标识链的语篇分析模式

（1）为语篇中的句子编号；

（2）标注句子中的首次提及和相关性首次提及的参与者标识手段表达式；

（3）分列首次提及参与者标识链**1stmC**和相关性首次提及参与者标识链**RelmC**；

（4）对参与者标识链进行**NomC，PronC，PropC**的标注；

（5）对参与者标识链进行类指**genC，unmC，marC，defC，propC，pron/perC，exoC，relC**的标注；

（6）对归入相关性首次提及参与者标识链的标识手段表达式进行细化标注；

（7）建立参与者标识链分析表；

（8）图示分析。

4. 参与者标识链的语篇分析模式示例

（1）参与者标识链分析表

我们以例 [6] 为例，对其中的参与者标识链（以示例为目的，只选取主要部分）进行列表标注，见表6.8和表6.9：

表6.8　参与者标识链语篇模式分析表示例（语法手段分类法）

NomC				PronC	PropC	mentions
My wife Pat and I	the phone	my large golf umbrella	our son David	I	Pat	1stm
we	the phone	My umbrella	he	I	Pat	2nd m
we			David	I	Pat	3rd m
we			David	I	Pat	4th m
ourselves			he	I	Pat	5th m
us			he	I		6th m
us			David	I		7th m
we			David	I		8th m
we			he	I		9th m
we			he			10th m
			David			11th m
			David			12th m

表6.9　参与者标识链语篇模式分析表示例（预设信息源分类法）

1st mC							RelmC				Mentions
gen	unm	mar	pron /per	def	exo	prop			relC		
		My wife Pat and I		the phone			I	Pat	our son David	my large golf umbrella	1st m
		we		the phone			I	Pat	he	My umbrella	2nd m
		we					I	Pat	David		3rd m
		we					I	Pat	David		4th m
		ourselves					I	Pat	he		5th m
		us					I		he		6th m
		us					I		David		7th m
		we					I		David		8th m
		we					I		he		9th m
		we							he		
									David		
									David		

（2）图示分析示例

　　我们仍以例 [6] 为例，从参与者标识链的角度进行图示分析，以此显示参与者标识链语篇分析模式与Martin指称链语篇分析模式的不同（以示例为目的，只选摘取主要部分）（见图6.3）。

　　将图6.3与上文中的图6.2比较，可以直观地发现参与者标识链与Martin指称链的异同。

(2)

(4)

(5)

(6)

(7)

(8)

(9)

(10)

(11)

(12)

(13)

(14)

(15)

(16)

(18)

(19)

(20)

(21)

(23)

(24)

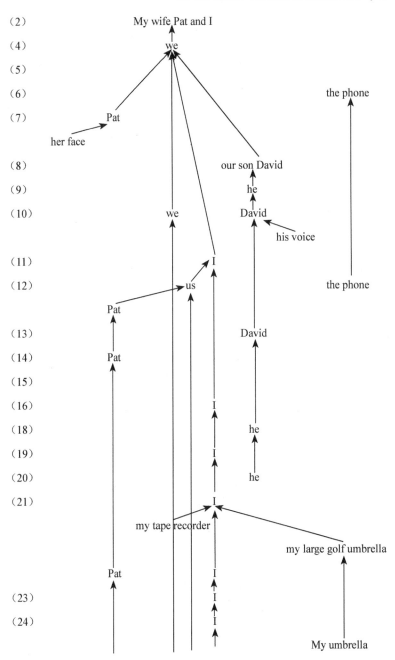

(25)

(26)

(27)

(29)

(30)

(31)

(32)

(33)

(34)

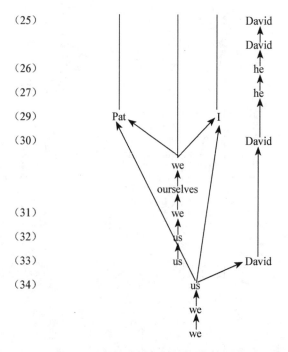

图6.3　参与者标识链语篇分析模式示例

首先，图6.2、图6.3显示的两种语篇分析模式具有本质上的不同。在图6.2所显示的指称链语篇分析模式中，指称不同参与者的语言表达式会标在同一个指称链上。例如，由"**My wife and I**"引发的指称链上的"**Our son David**"和"**Our second cup**"；由"**David**"引发的指称链上的"**His voice**"；由"**I**"引发的指称链上的"**my tape recorder**"和"**my large golf umbrella**"；由"**Pat**"引发的指称链上的"**her face**"。此外，由于都带有"cup"一词，句（4）中的"**Our second cup**"与句（2）中的"**a Sunday-morning cup of coffee**"被标在同一个指称链上。类似的情况还有句（5）中的"**rumbling thunder**"、句（12）中的"**a booming clap of thunder**"、句（30）中

的"**thunderstorms**"、句（31）中的"**the storms**"以及句（32）中的
"**Each rumber**"。由此可见，Martin指称链上的语言表达式之间，有
的是由指称性衔接实现的提示性照应关系（预设性成分与被预设性
成分之间是唯指关系），有的是由结构性衔接实现的相关性照应关
系和冗余性照应关系（预设性成分与被预设性成分可能是相同的词
语，但是并不一定是相同的实体）。可以说，Martin指称链更接近旨在
反映语篇成分衔接关系的成分衔接纽带，而非旨在体现参与者动态发
展轨迹的指称链。因此不能完全揭示某一特定参与者在语篇发展中
的再次或多次提及标识手段的动态选择情形。更准确地讲，Martin的
指称链是从语义衔接角度出发的成分衔接纽带网，不属于参与者标
识链。在图6.3所显示的参与者标识链语篇分析模式中，我们基于"相
关性首次提及参与者指称特征标识层位"的修正观点，剥离了图6.2
中指称链上的相关性照应或冗余性照应。剥离后形成的相关性首次
提及参与者标识链和首次提及参与者标识链一样都具有同指性的属
性和提示性照应的特征，例如：由句（8）中"**our son David**"引发
的相关性首次提及参与者标识链，以及由句（21）中"**my large golf
umbrella**"引发的相关性首次提及参与者标识链。从图6.2指称链上
剥离下来的未引发新的参与者标识链的"**Our second cup**"、"**His
voice**"、"**her face**"、"**Our second cup**"、"**my tape recorder**"等，
我们称之为"相关性首次提及参与者标识手段表达式"。由此可见，
同指性属性和提示性照应关系是图6.2和图6.3两种语篇分析模式的
本质区别所在。

值得注意的是，参与者标识链与Martin的指称链也有相同之
处，即，都就"合/分或分/合结构"进行了标注。在图6.2显示的指称链
语篇分析模式中，句（12）中的"**us**"与句（7）中的"**Pat**"、句（10）中
的"**David**"以及句（11）中的"**I**"形成了"合/分结构"。而在语篇结尾

处，句（29）中的 **"Pat"**、**"I"** 以及句（33）中的 **"David"** 与句（34）中的 **"us"** 又形成了 "分/合结构"。在图6.3显示的参与者标识链语篇分析模式中也作了相同的处理。"合/分或分/合结构" 被本文视为相关性参与者标识链的一种，因为 **"Pat"** 或 **"David"** 或 **"I"** 虽与 **"us"** 有一定的语义上的关联，但所指称的显然不是同一个参与者。

6.2 叙述语篇参与者标识链的因循原则假设

由落实首次、再次或多次提及的参与者标识手段表达式组成的参与者标识链，是语篇发展的需要，是对再次提及或多次提及参与者标识手段进行选择的结果。对引入语篇的参与者进行首次提及而做出的语法标识手段的选择，构成了参与者标识链的链首，那么，链身部分的参与者标识手段的选择受到哪些因素的制约？或者说，因循了哪些原则？为回答这个问题，我们首先把目光转向与参与者标识链有着一定重合面的语篇成分衔接纽带，因为参与者标识手段表达式可以同时是具有指称衔接功能的代词，或是具有词汇衔接功能的名词词组和专有名词，或是具有替代衔接功能的带有替代词的名词词组，或是具有省略衔接功能的有所省略的名词词组。关于成分衔接原则的理论观点对我们提出参与者标识链因循原则的假设具有重要的借鉴意义。

6.2.1 成分衔接原则

6.2.1.1 Halliday & Hasan的基本衔接原则

Halliday & Hasan（2003：304-323）对指称衔接、替代/省略衔接、连接、词汇衔接的特点进行了分析。我们从中归纳出关于指称衔接、省略/替代衔接、词汇衔接的基本原则：

1. 关于指称衔接原则

Halliday & Hasan指出，指称衔接是一个语义关系，是意义上的关联，不是词语或其他语言形式上的关联，其预设信息源为篇外语境，原则上讲，指称属于外指。在语篇中，指称项（reference item）借助与上文出现的被指称项（referent）的关联，证明篇外所指经验实体（exophoric entity）的存在，从这个角度来讲，指称衔接既属于外指，又属于内指。Halliday & Hasan认为，再次提及时往往使用"him"而不是用"John"来指称首次提及的"John"的原因是："John"可以指任何提到过的"John"，而"him"则限指特定语境定位下的"John"，语境既包括篇外语境，也包括篇内上下文语境。本文把使用代词来指称已经提及的篇外经验实体的原则，称为代词原则。

2. 关于替代/省略衔接原则

替代/省略衔接是词汇语法层面上的形式上的关联，其预设信息源为上下文语境。替代/省略保留了被预设成分的语法结构和语法功能，借助替代词或空位填充来找回预设信息。再次提及时，可以使用结构对应手段来指称与上文已提及的参与者同类但不同物的新参与者。换句话说，新参与者的身份通过结构对应得以确认，本文称其为结构制约原则。

3. 关于词汇衔接原则

词汇衔接通常涉及指称实体语境。重申式词项（reiterated lexical term）一般借助定冠词"the"或指示代词或其他表示回指的成分与上文中的词项建立语义关联；搭配式词项（collocated lexical term）则通过词项本身建立语义关联。我们称前者为回指成分原则。

6.2.1.2 张德禄、刘汝山的八个衔接原则

张德禄和刘汝山在Halliday & Hasan的研究基础上对指称、词汇、替代/省略等衔接原则进行了补充，提出了以下衔接原则（2003：171-181）：

（1）如果同一个项目连续多次出现，就用同一个代词，而不重复用同一个名词来指称它。这一现象就是"指称原则"；

（2）被其他项目阻断后再出现时用名词指称的现象称为"阻断原则"；

（3）处于叙述焦点的项目一般用代词指称，而非中心项目则既可用代词指称，也可用名词来接续。这一现象就是"叙述焦点原则"；

（4）当三个或三个以上的事物同时出现时，代词和名词的转换不仅受到叙述焦点原则和指称原则的控制，同时还受到另外一条原则的支配。这就是"可区分原则"；

（5）心理距离原则——衔接的距离，更确切地说是心理距离，使得衔接在短暂中断后，以名词而不是以代词的形式，把上面的衔接链延续下去。这就是"心理距离原则"；

（6）选用相同的术语来指同一个事物，因此出现了词汇重复衔接现象。这一现象就是"一致性原则"；

（7）同一个项目再次出现时，使用不同的词汇（通常是同义词或同义词组）来表达它，从而给这个词汇衔接链增添了情感色彩。这一现象就是"变化原则"；

（8）当替代项目被省略后就不能恢复原来的信息、或上下文无法形成衔接时，替代项目不能省略。这一现象就是"累赘省略/占位替代原则"。

6.2.2 叙述语篇参与者标识链因循原则假设的提出

"叙述是与行动、事件的发展过程有关的语篇。它回答的问题是'发生了什么？'它是对一系列事件的记述……动作是叙述要呈现的东西……叙述是要呈现从头到尾的运动……叙述是要使我们感受过程的丰富性……叙述有两种视点：第一人称视点和第三人称视点"（胡曙中，2005：129-151）。根据叙述语篇的基本特征，我们将以Halliday & Hasan、张德禄和刘汝山的衔接原则为基础并结合参与者标识链的结构和类型特点，形成本文关于参与者标识链因循原则的假设。

我们将代词原则和指称原则整合为"再次提及代词原则"；将回指成分原则、阻断原则、可区分原则、心理距离原则整合为"复用名词原则"；将叙述焦点原则调整为"焦点参与者原则"。由此形成了三个叙述语篇参与者标识链因循原则假设，具体内容是：

（1）链首为名词词组或专有名词或代词的参与者标识链，通常使用代词手段来落实对参与者的再次提及，我们称其为"再次提及代词原则"。

（2）链首为名词词组或人名专有名词的参与者标识链，再次提及使用代词手段，由于某种更换，随后提及参与者标识手段通常恢复使用链首名词词组或人名专有名词来落实对参与者的随后提及，我们称其为"复用名词原则"。

（3）链首为名词词组或专有名词或代词、并且参与者处于语篇叙述的焦点（即：贯穿叙述语篇始终的焦点参与者）的参与者标识链，通常连续用代词来落实随后提及，我们称其为"焦点参与者原则"。

6.3 英汉叙述语篇参与者标识链因循原则假设的验证

本节将对上述三个参与者标识链因循原则假设进行语料验证。

6.3.1 "再次提及代词原则"的验证

6.3.1.1 研究设计

研究目的：对参与者标识链链身部分的语法标识手段进行"再次提及代词原则"的验证。

研究方法：列表描写统计法，双向验证法。

语料来源：英汉/汉英翻译对等语料（详见附录1）。

统计方法：首先，以参与者标识链（语法手段分类法）分析表为基本框架, 对英语叙述语篇及其汉译文中的参与者标识链进行标注, 对落实再次提及的代词手段 (英语及其汉语对应体) 进行统计, 从而得到英语及其汉语对应体再次提及代词使用率。然后, 以同样方法对汉语叙述语篇及其英译文中的参与者标识链进行再次提及代词手段的统计, 得到汉语及其英语对应体再次提及代词使用率。

6.3.1.2 数据统计结果及分析

6.3.1.2.1 英汉翻译对等语料部分

在115个参与者标识链中, 落实参与者再次提及的英语代词有56例, 使用率为48.7%, 汉语对应体为代词的有34例, 使用率为29.5%。见表6.10:

表6.10 英汉参与者再次提及代词使用率语料统计数据
（英汉翻译对等语料部分）

	参与者标识链总数	代词再次提及使用例数	代词再次提及使用率
2nd m 英语（源语）	115	56	48.7%
2nd m 汉语（译语）	115	34	29.5%

语料统计结果显示: 英语 (源语) 再次提及代词使用率为48.7%, 这表明 "再次提及代词原则" 对英语参与者标识链的制约力较为明显; 29.5%的汉语 (译语) 再次提及代词使用率表明 "再次提及代词原则" 对汉语参与者标识链的制约力不够显著; "再次提及代词原则" 对英语参与者标识链的制约力大于对汉语参与者标识链的制约力。

我们注意到，115个参与者标识链中，代词以外落实英语参与者再次提及的有59例标识手段均为名词词组，使用率为51.3%。其中，定冠词名词词组共有39例，使用率为33.9%，仅次于48.7%的代词使用率。从使用率来看，定冠词名词词组是仅次于代词的英语参与者再次提及标识手段。较高的定冠词名词词组使用率显然对"再次提及代词原则"来说是个质疑。我们发现，这两种英语参与者再次提及手段的再次提及出现似乎与距离有关。为此，我们对代词和定冠词名词词组这两种常见的英语参与者再次提及标识手段进行了进一步的语料统计。统计方法是：对39例再次提及定冠词名词词组和56例再次提及代词进行与首次提及表达式相隔距离的标注和统计。相隔距离在这里指的是再次提及与首次提及之间相隔的参与者数、句子数和段落数。我们以"0S"表示同句，"1S"表示下一句，"2S"表示下两句，"3S"表示下三句……以"（0）"表示不相隔参与者，"（1）"表示相隔一个参与者，"（2）"表示相隔两个参与者，"（3）"表示相隔三个参与者……以"0P"表示同一段，"1P"表示下一段，"2P"表示下两段、"3P"表示下三段……统计结果见表6.11和表6.12：

表6.11　英语参与者再次提及定冠词名词词组与首次提及表达式相隔距离的语料统计数据

首次提及表达式	再次提及定冠词名词词组	相隔距离
the ship	the ship	2P
Malta	the whole place	1S（3）
the sea	the water	1S（4）
their grasping boatman	the owner	1S（3）
Roger Chillingworth	the physician	1S（2）
Dimmesdale	the patient	1S（2）
a health	the health	1S（2）

续前表

首次提及表达式	再次提及定冠词名词词组	相隔距离
Saint Theresa	the little girl	0S（0）
Giogio	the Garibaldino	1S（0）
Linda	the daughter	0S（3）
a girl	the girl	1P
the hall light	the glow	1S（1）
the small coupe	the car	2P
the huge crossword puzzle	the mysteries of the empty square	1S（2）
waves of pain	the pain	12P
a door crack	the opening	1P
a hard voice	the hard voice	1P
his crampled legs	the crampled legs	2P
a car	the car	2P
a "Just Married" sign	the "Just Married" sign	2P
an old brown blanket	the blanket	1P
a map	the map	1P
that brother of mine	the bridegroom's practical-joker brother	32P
one	the officer	2P
a small butterfly	the butterfly	1S（1）
a beautiful fairy	the good fairy	1P
an island	the island	1S（5）
one elderly	the elderly	1S（1）
the table	the table	1P
a small velvet box	the box	1P
unconsciousness	the darkness	2P
the dark figure	the raspy voice	3P
the sky	the sky	14P
the phone	the phone	11P

续前表

首次提及表达式	再次提及定冠词名词词组	相隔距离
the great silver spaceship	the great round ship	2P
that bird	the bird	1P
a BB gun	the gun	2P
the top of the telephone pole	the top of the pole	2P
a bird	the pigeon	1S（1）

表6.12　英语参与者再次提及代词与首次提及表达式相隔距离的
语料统计数据

首次提及表达式	再次提及代词	相隔距离
a boat	it	2P
Some passengers	they	1S（0）
Two French sailors	they	0S（0）
a tug	it	0S（1）
plants	them	0S（0）
these two men	they	1S（2）
I	I	2S（1）
us	we	1P
depression of spirits	them	0S（0）
Eustacia	she	0S（0）
Nostromo	he	2S（0）
many Theresas	they	1S（0）
two fowns	them	0S（0）
the door	it	0S（0）
they	they	0S（0）
Philip	he	0S（1）
Mildred	her	0S（1）

续前表

首次提及表达式	再次提及代词	相隔距离
all the feelings	all	1S（1）
a young man	he	1S（0）
Marta	she	1S（0）
Paddy O'Sheen	he	1S（0）
John Minor	he	1S（1）
his brother	him	0S（0）
Johnny Brooks	he	0S（0）
the neighbors	they	0S（1）
a young orphan girl	her	0S（0）
older models	they	0S（0）
the prison's bloodhounds	they	0S（0）
the bride and groom	they	4P
Ray Booker	he	0S（0）
the young groom	he	1S（0）
the woman	she	1S（0）
all the waiters	they	1S（0）
Dan	him	0S（0）
I	I	1S（1）
we	us	0S（0）
a blade	it	0S（0）
burning of flesh	it	0S（1）
Leonardo Vetra	he	1S（1）
baseballgames	them	1S（1）
Everyone	they	0S（0）
we	we	0S（0）
Gordan	he	1S（0）
I	I	1S（1）
my most important lessons	they	1S（1）

续前表

首次提及表达式	再次提及代词	相隔距离
David	he	1S（0）
I	I	4P
a booming clap of thunder	that	1P
Children and adults	each one	1S（0）
The familiar barred cages	them	1S（0）
he	himself	0S（0）
Mike	he	1P
me	I	0S（1）
my father	he	1P
I	I	1S（1）

  表6.11显示：39例再次提及定冠词名词词组中，24例为跨段再次提及，9例为相隔两个以上参与者的紧邻句再次提及，两者共占比例84.6%。表6.12显示：56例再次提及代词中，45例为同句内或紧邻句内相隔一个以下参与者的再次提及，占比例80.3%。此外，6例跨段再次提及中，4例为自叙者第一人称代词。同句内或紧邻句内相隔一个以下参与者的代词使用率高达86.5%。由以上数据可以推出：与首次提及相隔较远（跨段或跨句且相隔两个以上的参与者）的话，一般使用定冠词名词词组作为再次提及标识手段；与首次提及相隔较近（同句或紧邻句且相隔一个以下参与者）的话，一般使用代词作为再次提及标识手段。

  我们对115个参与者标识链中汉语对应体的再次提及标识手段也进行了统计。使用率由高到低依次为：名词61例，使用率为53%；代词34例，使用率为29.5%；省略12例，使用率10.4%。以上数据表明：高达53%的汉语名词再次提及使用率远超过29.5%的代词再次提及使用率。这至少说明代词并非汉语再次提及时的首选标识手段。

6.3.1.2.2　汉英翻译对等语料部分

在133个参与者标识链中，落实再次提及的汉语代词有40例，使用率为30%；英语对应体为代词的有39例，使用率为29.3%（见表6.13）。

表6.13　　汉英参与者再次提及代词使用率的语料统计数据
（汉英翻译对等语料部分）

	参与者标识链 t 总数	代词再次提及使用例数	代词再次提及使用率
2nd m 汉语（源语）	133	40	30%
2nd m 英语（译语）	133	39	29.3%

语料统计结果显示：汉语（源语）再次提及代词使用率为30%，这表明"再次提及代词原则"对汉语参与者再次提及标识手段的选择无明显的制约力。值得注意的是，统计数据显示：93例代词以外的汉语再次提及的标识手段中55例是名词，使用率为41%。作为源语的汉语再次提及名词使用率（41%）与作为译语的汉语再次提及名词使用率（53%）较为接近，这表明名词是汉语落实参与者再次提及的常用手段之一。

29.3%的英语（译语）再次提及代词使用率表明："再次提及代词原则"对英语再次提及标识手段的选择也无明显的制约力，这显然与我们在上一小节考察英汉翻译对等语料部分时得出的统计数据结果（即：作为源语的英语再次提及代词使用率为48.7%）有明显的差异。我们认为一个主要原因是：在英汉翻译对等语料中，作为源语的英语往往因受制于英语句法结构而选择使用代词作为再次提及手段；而在汉英翻译对等语料中，作为译语的英语倾向于使用与汉语相同的再次提及手段。因此，作为译语的英语再次提及代词出现率（29.3%）与汉语（源语）再次提及代词出现率（30%）较为接近。

然而，对语料进一步观察后我们发现，这只不过是汉语显性再次提及标识手段的统计结果。在汉英翻译对等语料的统计中我们注意到，汉英存在一种特殊的参与者再次提及标识手段对应情形。我们来看以下实例：

[7] *他*灵巧地玩弄着一枝枪。（Φ）玩儿够后，（Φ）掏出一粒花生米大小的子弹，在口里含了含（Φ），（Φ）对着阳光照了照（Φ），然后在掌心中（Φ）撂了个高又稳稳地接住（Φ）。

（孙方友：《女票》）

[7]' He kept playing with the revolver, skillfully. When **he** had had enough, **he** drew out **a bullet the size of a peanut**. After putting **it** in his mouth for a second, **he** glanced at **it** in the bright sun, then threw **it** up into the air and caught **it** firmly.

（*A Woman Hostage* by Sun Fangyou）

例 [7]' 是例 [7] 的英译文。例 [7] 中的（Φ）表示"无符号"，例 [7]' 中的粗体部分是（Φ）的对应体。实际上，我们可以得到显性和隐性两组参与者标识链（见图6.4和图6.5）。从汉译英的角度来看，汉语参与者标识链只显现出链首表达式*"他"*和*"一粒花生米大小的子弹"*，而与其对应的英语参与者标识链却不只有链首表达式，还有链身部分的表达式。我们把汉语参与者标识链中未显示出来的再次提及标识手段表达式称为"隐性再次提及标识手段"。

图6.4　英汉参与者标识链显性对应示例

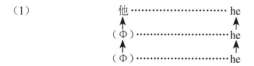

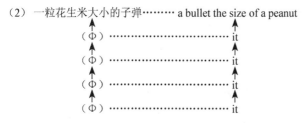

图6.5　英汉参与者标识链隐性对应示例

　　如果计入汉语"隐性再次提及标识手段"的统计数据的话，我们得到的英语对应体再次提及代词数由39例增至72例。这样一来，作为译语的英语再次提及代词使用率由29.3%上升至54.1%。从这个意义来讲，作为译语的英语再次提及标识手段的选择明显地受制于"再次提及代词原则"。

6.3.1.3　验证结论

通过语料统计结果分析我们发现：（1）"再次提及代词原则"对作为源语的英语参与者近距离（同句或紧邻句且相隔一个以下参与者）再次提及标识手段的选择具有明星的制约力，对作为译语的英语参与者再次提及标识手段的选择（汉语"隐性再次提及标识手段"计内）也显示出明显的制约力；（2）与首次提及相隔较远（跨段或跨句且相隔两个以上的参与者）的话，一般使用定冠词名词词组作为英语再次提及标识手段；与首次提及相隔较近（同句或紧邻句且相隔一个以下参与者）的话，一般使用代词作为英语再次提及标识手段；（3）"再次提及代词原则"对作为源语和作为译语的汉语参与者再次提及标识手段的选择均没有明显的制约力。然而，高达53%的汉语（译语）名词再次提及使用率和高达41%的汉语（源语）名词再次提及使用率表明，名词是落实汉语参与者再次提及的最常用手段之一。

"再次提及代词原则"假设的验证结论是：（1）英汉参与者再次提及标识手段的选择都不同程度地因循了"再次提及代词原则"，前者比后者更为显著；（2）英汉落实参与者再次提及时不同比例地选择了名词词组（名词），后者比前者更为突出。因此应该增加一个因循原则："再次提及名词原则"；（3）英语一般使用定冠词名词词组作为与首次提及具有一定相隔距离的再次提及标识手段。但因其涉及的不是第二次提及标识手段，在此暂不做考虑；（4）由于英汉参与者再次提及语法标识手段的选择都不同程度地因循了"再次提及代词原则"和"再次提及名词原则"，我们认为"再次提及代词原则"和"再次提及名词原则"是英语和汉语的共性制约原则。

6.3.2 "复用名词原则" 的验证

6.3.2.1 研究设计

研究目的：对参与者标识链链身部分的语法标识手段进行 "复用名词原则" 的验证。

研究方法：列表描写统计法，双向验证法。

语料来源：英汉/汉英翻译对等语料（详见附录1）。

统计方法：由于复用名词的情形比较复杂，我们在统计之前先进行实例观察，对复用名词的情形进行分类。之后，我们对不同的复用名词情形分别进行英汉/汉英翻译对等语料的统计。

6.3.2.2 数据统计结果及分析

1. 英汉翻译对等语料部分

对复用名词情形的考察不能脱离完整的语篇。我们首先进行实例观察，以了解不同复用名词情形的特点。见例 [8]：

[8] The day **my father** gave **me** a BB gun was my twelfth birthday, and **I** almost couldn't help jumping up and down when **I** saw what it was.

With a smile, **he** put his hand on my shoulder and led me outside. **He** set up cans and showed me how to shoot——first loading the gun, pumping it a few times, aiming, and, finally, firing.

It was strange how that bird landed on top of the middle can. Holding the gun. **I** glanced at **Dad**, eyes filled with mischievous questioning.

"No," **he** intoned, "I don't ever want to see you killing anything. That's not why I bought you this gun." **He** frowned grimly, but when the bird flew away, **he** squeezed my arm and nodded toward the cans.

I think **he** was afraid that I'd learn what real power felt like.

Whatever. It was okay with me because **I** figured I'd find plenty of other targets.

"Hey, Mike!" **I** yelled to my friend upon making one of my greatest discoveries. "Check this out." I aimed at the top of the telephone pole.

"What're you doing?" he asked.

I fired, and the BB smacked the top of the pole, hitting that little ceramic cylinder that the phone lines are hooked to, and causing a loud "DING" to ring out.

"Cool!" Mike said.

I smiled like the king of the world—a smile that grew even wider when Mke couldn't hit the same target. The neat thing was that no matter how many times you shot those thngs they never broke. Then again, maybe that's why it got boring.

A few months later, **I** found myself walking down the street, gun in hands, searching for new targets. I stopped by a telephone pole, popping off a few shots with nothing better to do.

Suddenly, a bird swooped down and landed on the wire. It was a pigeon, and it cooed and shuffled its footing, completely oblivious to my watchful eye.

Here **I** was, a bored kid, holding a BB gun, and a bird standing right there in front of me———and no one around to tell my dad. It was so perfect; **I** figured it was a sign from God.

I aimed straight at the pigeon, held my breath, and squeezed slowly upon the trigger. But **I** hesitated. **I** was about to killed a bird, a concept that felt at one moment queasy, at another exciting.

The exciting part won.

I fired. The bird dropped like a rock, one wing flopping behind as it fell. The bushes obscured its impact, but I heard **it** thump into the dirt.

Before lowering the gun, I realized what **I'** d done——— **I'** d killed my first animal. I should have ran to my friend Mike's house and dragged him back to see   the dead pigeon. But instead I whispered, "Oh no," and charged into the brush.

My stomach was tied in knots, and I prayed, "Oh God, please don' t let it be dead."

The pigeon lay there with blood streaming from its beak, feathers large and small scattered about. I poked it with the gun barrel but it remained still. Reluctantly, **I** reached out and rolled it over, but its head dropped lifeless to the side.

After butying it, **I** hurried home, stashed my BB gun in the closet and went to hide in my room.

When **my dad** got home that evening, **I** forced myself to go downstairs so **he** wouldn' t think anything was wrong, but the instant **he** looked at **me**, **I'** d have sworn **he** knew. Yet **he** put an arm around **me** and said, "Hey son, how was your day?"

"Um, okay." **I** told him.

"That's all," **he** frowned, "just okay?"

I could feel my face tingling. "Yeah, just okay." And, trying to make it at least halfway believable, **I** shrugged.

He nodded, hand still resting on my shoulder. "Well," **he** said, "it's almost dinner time, Let's go set the table."

I was dead silent as I laid the plates out. **I** felt as though every time **I** turned around, **Dad** was looking at **me**, but whenever **I** stole a glance in his direction, **he** seemed simply to be paying attention to collecting forks and arranging glasses.

After **Dad** poured **me** some milk, **I** barely uttered a "thank you" as **he** took his seat. Watching **him**, **I** figured if **I** could just make it through dinner, I'd be okay.

Mom gave us each a potato and uncovered the main dish in the center of the table. It was chicken.

I almost barfed on my plate.

"Son," **Dad** began, "do you want to say grace?"

I looked at my mom, and then at **my dad**, and, just before bursting into tears, **I** pushed my chair back and ran to my room.

I had my head buried in my pillow when **I** felt **Dad** rubbing my back. My tears slowly faded, and **I** was able to lift my head. **He** didn't say anything, but just rested his hand upon me and waited with a soft look in his eye.

"I..." my voice cracked and **I** cleared my throat, "I shot a bird today."

"Oh?" **my father** replied, his expression unchanging.

"Yeah. It was a pigeon. On the telephone line. I killed it."

Dad paused before asking, "And how did it feel?"

"It felt ... awful," **I** answered and looked down.

"I'm sure it did. That's one of the reasons I said you shouldn't shoot birds."

I glanced at **him**, "Are you gonna punish me?"

"Hmm," **he** replied with his finger on his lips. "You misused your BB gun, and you disobeyed me. What you need is to always remember how bad it felt to kill that poor bird."

I turned my head down again, but **he** put a finger on my chin and lifted until I met his gaze. "Somehow," **he** told me, "I think you will." And, slapping me on the rear, he said, "Now let's go get dinner."

Little did **I** know as **I** slid from the bed that my father was right——I would remember killing that bird——along with a lot of other things——the rest of my life.

（*BB Gun* by M. Stanley Bubien）

在例 [8] 中共有四个参与者标识链，分别以 "**I**"、"**my father**"、"**Mike**"、"**a bird**" 为链首。其中，"**I**" 和 "**my father**" 这两个参与者标识链所指称的参与者贯穿了整个语篇。显然，"**I**" 标识链上的随后提及全部以 "I" 或 "me" 来落实，而 "**my father**" 标识链上则出现了数次名词复用情形。我们对 "**my father**" 标识链上随后提及标识手段的转换情况进行了统计。我们以字母a、b、c、d等标注出现的名词复用；以P1、P2、P3等标注参与者所在段落；以 "0" 表示不相隔参与者、"1" 表示相隔一个参与者、"2" 表示相隔两个参与者、"3" 表示相隔三个参与者……（参与者"I"不计）：以I、II、III标注情景转换的名词复用情况；以"√"表示使用名词复用手段，以"×"表示未使用名词复用手段（见表6.12）。

如表6.12的数据显示：（1）例［8］中链首为"**my father**"的参与者标识链上共出现9次（分别编码为a, b, c, d, e, f, g, h, i）复用名词的情形，均为段落转换名词复用，段落转换名词复用率为53%；（2）共有6处在间隔其他参与者后使用了名词复用手段，参与者转换名词复用率为75%；（3）共有三处情景转换，均使用了名词复用手段，转换情景名词复用率为100%。

表6.14 参与者随后提及标识手段名词复用情况的实例观察数据

参与者标识链	名词复用	所在段落与段落转换名词复用率	参与者转换名词复用率	情景转换名词复用率
my father he←He	链首	链首		
		P2 ×	0	
Dad he←He←he he	a	P3 √	1（a bird）	I√
		P4 ×	0	
		P5 ×	0	
my dad←he←he←he←he he he←he	b	P22 √	2（Mike, a bird）	
		P24 ×	0	
		P26 ×	0	II√
Dad←he	c	P27 √	0	
Dad←he←him	d	P28 √	0	

续前表

参与者标识链	名词复用	所在段落与段落转换名词复用率	参与者转换名词复用率	情景转换名词复用率
Dad ↑	e	P31 √	1（Mom）	
my dad ↑	f	P32 √	1（Mom）	
Dad ←he ↑	g	P33 √	0	
my father ↑	h	P35 √	1（a bird）	
Dad ↑ him ↑ he ↑ he ←he	i	P37 √	1（a pigeon）	III √
		P40 ×	1（birds）	
		P41 ×	0	
		P42 ×	1（that poor bird）	
合计：	9	9/17=53%	6/8=75%	3/3=100%

根据以上实例观察，我们将复用名词的情形归纳为三种："段落转换复用名词情形"、"参与者转换复用名词情形"和"情景转换复用名词情形"。我们得出的初步结论是：段落转换、参与者转换以及情景转换是导致复用名词情形出现的主要因素。

我们就此进行了基于英汉/汉英翻译对等语料的名词复用率的考察和统计。我们首先统计英语（源语）三种复用名词情形所占的比例，再统计汉语（译语）对应体三种复用名词情形所占的比例，从对比数据入手，得出"复用名词原则"的验证结论。

我们得到了以下语料统计数据：

表6.15   名词复用率的语料统计数据（英汉翻译对等语料部分）

语言	名词复用情形	转换总数	名词复用例数	名词复用率
英语（源语）	段落转换名词复用	108	77	71.3%
	参与者转换名词复用	53	33	62.2%
	情景转换名词复用	21	18	85.7%
	合计	182	128	70.3%
汉语（译语）	段落转换名词复用	108	51	47.2%
	参与者转换名词复用	53	12	22.6%
	情景转换名词复用	21	13	61.9%
	合计	182	76	41.7%

语料统计结果显示：英语（源语）段落转换名词复用率为71.3%，参与者转换名词复用率为62.2%，情景名词复用率为85.7%，平均名词复用率为70.3%。这表明，"复用名词原则"对英语（源语）参与者标识链具有明显的制约力。汉语（译语）对应体段落转换名词复用率为47.2%，参与者转换名词复用率为22.6%，情景转换名词复用率为61.9%，平均名词复用率为41.7%。这表明，汉语（译语）参与者标识链也因循了"复用名词原则"，但比例远低于英语（源语）参与者标识链的名词复用率。

我们在不遵循"复用名词原则"的汉语（译语）参与者标识链统计中发现，汉语存在一种特殊的名词复用情形。我们来看以下实例：

[9] Her name was **Rachel**, and I mooned my way through grade and high school, stricken at the mere sight of **her**, tongue-tied in her presence. Does anyone, anymore, linger in the shadows of evening, drawn by the pale light of a window——her window——like some hapless summer insect? That delirious, swooning, a sexual but urgent

and obsessive, that made me awkward and my voice crack, is like some impossible dream now. I know I was so afflicted, but I cannot actually believe what memory insists I did. Which was to suffer. Exquisitely.

I would catch sight of **her**, walking down an aisle of trees to or from school, and I'd become paralyzed. **She** always seemed so poised, so self-poised. At home I'd relive each encounter, writhing at the thought of my inadequacies. Even so, as we entered our teens, I sensed her affectionate tolerance for me.

"Going steady" implied a maturity we still lacked. Her Orthodox Jewish upbringing and my own Catholic scruples imposed a celibate grace that made even kissing a distant prospect, however fervently desired. I managed to hold **her** once at a dance——chaperoned, of course. Our embrace made her giggle, a sound so trusting that I hated myself for what I'd been thinking.

At any rate, my love for **Rachel** remained unrequited. We graduated from high school, she went on to college, and I joined the Army. When World War II engulfed us, I was sent overseas. For a time we corresponded, and her letters were the highlight of those grinding, endless years. Once **she** sent me a snapshot of herself in a bathing suit, which drove me to the wildest of fantasies. I mention the possibility of marriage in my next letter, and almost immediately her replies became less frequent, less personal.

(*First Love* by John Walterz)

表6.16　　　　　　　　名词复用情形的实例分析

段落	英语（源语）	汉语（译语）对应体
P1	Rachel ↑ her	雷切尔 ↑ 她
P2	↑ her. ↑ She	雷切尔 ↑ 她
P3	↑ her	雷切尔
P4	Rachel ↑ she ↑ she	雷切尔 ↑ 雷切尔 ↑ 雷切尔

　　我们通过表6.16的数据观察发现：（1）英语（源语）**P2**中的"**her**"和**P3**中的"**her**"均违背了"段落转换复用原则，但值得注意的是，它们的汉语（译语）对应体却复用了链首表达式"**雷切尔**"；（2）英语（源语）**P4**中的两个代词标识手段"**she**"的汉语（译语）对应体，均复用了链首表达式"**雷切尔**"。显然，对于"**Rachel**"这一参与者，英汉在再次、多次提及标识手段的选择上没有遵循相同的制约性原则，我们至少可以断定，汉语没有像英语那样受到"复用名词原则"和"再次提及代词原则"的交替制约。

　　我们认为英汉这种在标识手段上的不同选择乃英汉语法差异使然。我们注意到，由于英语参与者标识链在受约于"复用名词原则"的同时也受约于"再次提及代词原则"，因此英语参与者标识链的随后提及标识手段一般不会出现连续使用名词词组或人名专有名落实参与者标识的情形，而多呈现名词与代词相间的标识特点。汉语参与者标识链没有明显受约于"再次提及代词原则"的迹象（在上文已论证），汉语语法允许汉语连续使用名词来落实参与者标识链的连续性多次提及。

这使我们进而想到的一个问题是：在例[9]的**P3**中，受到段落转换而复用了名词"雷切尔"的汉语（译语）对应体，没有像源语那样在"再次提及代词原则"的制约下使用代词来落实同段内的随后提及，而后连续使用链首表达式"雷切尔"来标识随后提及。那么，汉语是否存在通篇使用名词来落实对参与者所有随后提及的情形？如果存在通篇使用名词来落实参与者随后提及的可能，就意味着因循了一个新的参与者标识链制约原则。为了便于描述，我们暂将这种可能存在的制约原则称做"名词指称原则"。我们将在随后的汉英翻译对等语料部分对此进行深入的考察。

2. 汉英翻译对等语料部分

我们首先对三种名词复用情形进行了语料统计，得到了表6.17中的数据：

表6.17　名词复用率的语料统计数据（汉英翻译对等语料部分）

语言	名词复用情形	转换总数	名词复用例数	名词复用率
汉语（源语）	段落转换名词复用	126	65	51.6%
	参与者转换名词复用	42	29	69%
	情景转换名词复用	37	24	64.8%
	合计	205	118	57.5%
英语（译语）	段落转换名词复用	126	61	48.4%
	参与者转换名词复用	42	18	42.8%
	情景转换名词复用	37	24	85.7%
	合计	205	103	50.2%

语料统计结果显示：汉语（源语）段落转换名词复用率为51.6%，参与者转换名词复用率为69%，情景转换名词复用率为64.8%，平均名词复用率为57.7%。这表明，"复用名词原则"对汉语（源语）参与者标识链具有一定的制约力。英语（译语）对应体段落转换名词复用率为48.4%，参与者转换名词复用率为42.8%，情景转换名词复用率为85.7%，平均名词复用率为50.2%。这表明，英语（译语）参与者标识链也一定比例地因循了"复用名词原则"。

此外，我们对上文提到的"名词指称原则"假设也进行了语料考察。我们发现了通篇使用名词来落实参与者随后提及的汉语叙述语篇，例如：《仲夏的莲》中的参与者"莲"、"爸"，《别情》中的参与者"莽子"、"小娥"（见附录一）。也有一些是几乎通篇使用名词来落实参与者随后提及的汉语叙述语篇，例如：《脊背上的纽扣》中的参与者"竹惠"，《军嫂》中的参与者"霞姐"，《一元钱的爱情故事》中的参与者"秋林"，《表白或者证明》中的参与者"乔"，《红围巾》中的参与者"汉子"等（见附录一）。这些汉语叙述语篇的译语（英语）对应体均未能做到通篇（或几乎通篇）使用名词来落实参与者的随后提及。因此，我们认为"名词指称原则"是汉语特有的参与者因循原则。

6.3.2.3　验证结论

通过语料统计结果分析我们发现：（1）"复用名词原则"对汉语（源语）参与者标识链有一定的制约力，但仍弱于对英语（源语）参与者标识链的制约力。这同时意味着汉语还存在其他制约原则，致使汉语参与者标识链不能完全受约于"复用名词原则"；（2）英语（译语）参与者标识链一定比例地因循了"复用名词原则"，但其50.2%的名词复用率远低于英语（源语）70.3%的名词复用率；（3）汉语（译语) 参与者标识手段的名词复用率 (41.7%) 与汉语 (源语) 参与者标识手段的名词复用率 (57.5%) 较为接近。而英语 (译语) 参与者标识手段的名词复用率 (50.2%) 与英语 (源语) 参与者标识手段的名词复用率 (70.3%) 相去甚远, 我们认为, 汉英语际转换时, 汉语思维模式及语法框架限制是造成 "复用名词原则" 对源语英语参与者标识链的制约力大于译语英语参与者标识链的制约力的主要原因。

"复用名词原则" 假设的验证结论是: (1) 英汉参与者再次提及标识手段的选择都不同程度地因循了 "复用名词原则", 前者比后者更为显著; (2) "复用名词原则" 基本解释了上一小节我们验证 "再次提及代词原则" 假设时发现的一个现象, 即: 英语一般使用定冠词名词词组作为与首次提及具有一定相隔距离的再次提及标识手段; (3) 语料观察显示, 汉语还因循了另外一个制约性原则, 我们称其为 "名词指称原则"。我们认为, "名词指称原则" 是汉语的个性制约原则; "复用名词原则" 是英语和汉语的共性制约原则。

6.3.3 "焦点参与者原则" 的验证

6.3.3.1 研究设计

研究目的: 对参与者标识链链身部分的语法标识手段进行 "焦点参与者原则" 的验证。

研究方法: 列表描写统计法, 双向验证法。

语料来源: 英汉/汉英翻译对等语料 (详见附录1)。

统计方法: 首先, 对英语 (源语) 和汉语 (译语) 叙述语篇中贯穿始终的焦点参与者标识链进行标注和统计，对源语及译语遵循"焦点参与者原则"的参与者标识链例数进行统计，从而得到源语和译语焦点参与者标识链"焦点参与者原则"制约比率。然后，以同样方法得到汉语（源语）和英语（译语）焦点参与者标识链"焦点参与者原则"制约比率。

6.3.3.2　数据统计结果及分析

1. 英汉翻译对等语料部分

我们对英汉翻译对等语料中的焦点参与者标识链进行了统计，得到了表6.18中的"焦点参与者原则"制约比率统计结果：

表6.18　"焦点参与者原则"制约比率的语料统计数据
（英汉对等翻译语料部分）

	焦点参与者标识链总数	因循"焦点参与者原则"的例数	"焦点参与者原则"的制约比率
英语（源语）	33	6	18.1%
汉语（译语）	33	6	18.1%

语料统计结果显示：英语（源语）"焦点参与者原则"制约比例为18.1%，在6例因循"焦点参与者原则"的焦点参与者标识链中，5例为第一人称代词"we"或"I"，只有一例为连续使用第三人称代词来标识焦点参与者的再次提及。如果不计入自叙者人称代词的话，英语（源语）"焦点参与者原则"制约比例为3%。我们认为，由于受到"再次提及代词原则"和"复用名词原则"的制约，英语贯穿语篇始终的焦点参与者标识链链身部分的标识手段几乎不会连续使用代词（自叙者"we"和"I"　除外），因此，英语参与者标识链基本上不遵循"焦点参与者原则"。6例英语参与者标识链的汉语对应体同样也因

循了"焦点参与者原则"，同样只有一例连续使用第三人称代词来标识焦点参与者的再次提及。这有两种可能：一是汉语焦点参与者标识链也几乎不遵循"焦点参与者原则"；另一个是翻译时受源语框架制约所致。我们将在汉英翻译对等语料部分进行进一步的验证。

值得一提的是，虽然未见贯穿语篇始终的英语焦点参与者标识链链身部分的标识手段连续使用代词的例子，但在一定篇幅连续使用英语代词来指称某一阶段性焦点参与者的例子却偶有出现，我们来看例［10］：

［10］Opposite the car he chanced a glance at the lone occupant. **A girl**, anxious eyes fixed on O'Sheen, brought him to a halt. Turning, he walked to the side of the coipe and leaned on the door.

"Now, now," he said as **the girl** shrank back. "I'll not be hurting anyone this night."

Then the smile on his kindly face grew brader. **She** was clothed in a dark velvet coat, and just visible at the knees, he noticed the soft whiteness of a wedding gown. Paddy was witnessing an elopement, and he liked it.

"I wasn't afraid," **she** smiled, and he liked the long lashes as they fluttered against he brown eyes. "You startled me for an instant."

She settled back comfortably and O'Sheen saw that flecked fairy dust in her eyes that belongs only to the very young and very much in love.

"You've been sitting here for quite some time," he said, swinging the night stick gently against his knee. "Is he keepin' you waiting?"

They looked up at the gloomy three stories of the old house. He fancied her eyes were concerned, almost anxious.

"He'll be here soon," she answered, "I'm——I'm all right alone."

O'Sheen backed away, that look of awe still in his admiring eyes.

"Good luck to you, youngster," he mumbled. "And don't worry about the grown folk. Paddy O'Sheen hasn't seen hide nor hair of you this night."

"That's sweet of you," **she** rewarded him with a big smile. "I'll remember the policeman who was so very kind to me on my wedding night."

O'Sheen was still standing there, ill at ease, when the door swung open. A young man bounded down the steps with two bags. He was very tall and straight in evening dress.

"It's all right now, darling," he said, slipping behind the wheel. He kissed her lips, and then saw O'Sheen.

"Why——why, hello," he recognized the uniform. "Oh, Hello, officer. Taking care of my bride-to-be?"

"She's that sweet," O'Sheen admitted. "I didn't mind the job one bit." He was rewarded again with another sweep of those long lashes.

"He's been very kind, George," **she** said. "Can't we drop him off somewhere?"

(*O' Sheen Is Best Man* by Leroy Yerxa)

表6.19　　　　　　　阶段性焦点参与者实例分析

段落	源语（英语）	译语（汉语）对应体
P1	A girl	一个年轻的姑娘
P2	↑ the girl.	↑ 那女孩
P3	↑ She	↑ 这女孩
P4	↑ she	↑ 女孩
P5	↑ she	↑ 女孩
P8	↑ she	↑ 女孩
P8	↑ she	↑ 女孩
P14	↑ she	↑ 女孩

　　表6.19显示：阶段性参与者"**A girl**"从第三次提及起连续六次由英语代词"**she**"落实随后提及。这显然不能看作是因循了"焦点参与者原则"。那么，该如何解释这种情形？我们认为，从"复用名词原则"的角度来看，这种连续使用代词来标识阶段性焦点参与者的情形实际上仍属于"参与者转换名词复用情形"——对阶段性参与者"**A girl**"的一序列提及所占据的篇幅成为另一个参与者再次提及与首次提及表达式之间的相隔距离，从而为即将出现的名词复用提供了条件。

2. 汉英翻译对等语料部分

我们在汉英翻译对等语料部分对焦点参与者标识链进行了语料统计，得到了以下数据：

表6.20   "焦点参与者原则"制约比率语料统计数据

（汉英对等翻译语料部分）

	焦点参与者标识链总数	因循"焦点参与者原则"的例数	"焦点参与者原则"的制约比率
汉语（源语）	42	12	28.5%
英语（译语）	42	12	28.5%

语料统计结果显示：42例汉语（源语）焦点参与者标识链中，12例通篇使用代词来落实参与者的随后提及（其中，4例为自叙者"we"或"I"，8例为第三人称代词），"焦点参与者原则"制约比率为28.5%，显然高于英语（源语）焦点参与者标识链的"焦点参与者原则"制约比率。另人稍感意外的的，这12例通篇使用代词落实参与者随后提及的汉语叙述语篇，其译语（英语）对应体也都因循了"焦点参与者原则"，远大于英语（源语）的"焦点参与者原则"制约比率。

6.3.3.3   验证结论

通过语料统计结果分析我们发现：（1）英汉叙述风格上的差异是造成汉语（源语）参与者标识链"焦点参与者原则"制约比率高于英语（源语）的一个主要原因。较低的英语（译语）焦点参与者标识链的"焦点参与者原则"制约比率与"再次提及代词原则"和"复用名词原则"有关——遵循了"再次提及代词原则"和"复用名词原则"的英语焦点参与者标识链几乎不会同时遵循"焦点参与者原则"。
（2）翻译层面源语框架的制约使得汉语（译语）或英语（译语）与其
源语具有相同的"焦点参与者原则"制约比率。

"焦点参与者原则"假设的验证结论是：汉语较高比率的焦点参
与者标识手段的选择因循了"焦点参与者原则"。相比之下，由于受到
"再次提及代词原则"和"复用名词原则"的制约，英语（源语）焦点
参与者标识链几乎不因循"焦点参与者原则"，但英语（译语）焦点参
与者标识链在源语叙述框架的制约下也会通篇使用代词来落实参与
者的随后提及。由此可见，英汉叙述语篇焦点参与者标识链不同程度
的因循了"焦点参与者原则"。我们可以说，"焦点参与者原则"是英
汉参与者标识链的共性制约原则。

6.4 小结

语篇参与者标识链由落实参与者首次提及、再次提及或多次提
及的语法手段表达式组成，与成分衔接纽带有一定的重合面。本文
借鉴Halliday衔接纽带语篇分析模式和Martin指称链语篇分析模式
并结合参与者标识链的特点，建立了参与者标识链语篇分析模式。
参与者标识链分析模式的建立便于我们较为直观地考察参与者标
识链上首次、再次或多次提及的参与者标识手段的选择情况，为我
们进行英汉语篇参与者标识手段动态对比研究奠定了统计和描述
框架。确立参与者标识链因循原则是进行英汉参与者标识手段动态
对比研究的切入点。本文在Halliday & Hasan以及张德禄、刘汝山
衔接原则的基础上提出了以下叙述语篇参与者标识链因循原则的假

设：(1)"再次提及代词原则"；(2)"复用名词原则"；(3)"焦点参与者原则"。进行基于英汉/汉英叙述语篇参与者标识链双向翻译对等语料的统计和参与者标识链因循原则假设验证，可以较为直观地察看语篇动态视角下英汉语言用以标识参与者的语法手段的共性和个性。

第七章 / 结论

7.1 主要结论

1. 对参与者、参与者标识、参与者标识链的界定与论断

（1）将参与者界定为人们在描述内心及外部现实世界的事件时需要引入语篇并给予指称的经验实体。以六种及物性过程涉及的参与者类型（将及物性系统中环境因子的介词宾语列为参与者，并去掉了心理过程涉及的由小句实现的现象、言语过程涉及的由小句实现的讲话内容以及关系过程涉及的由形容词实现的属性。）为本研究的语料考察对象。（2）提出了关于参与者标识的属性、内容和形式的论断。我们将参与者标识界定为把现实世界中的经验实体引入语篇并给予指称的现象。我们认为参与者标识具有指称的属性，因此具有内容和形式两个层面。内容指的是被引入语篇的参与者的全部指称特征（语法特征和语篇特征）。体现这一内容的形式又分为三层：一个是用于描写参与者指称特征的参与者指称特征标识层位，再一个是用于标

识参与者指称特征的参与者标识手段，另一个是用于传递参与者指称特征的参与者标识手段表达式。（3）提出了参与者标识链这一核心概念，并论证了参与者标识链的属性和鉴别性特征。我们将参与者标识链界定为由首次提及、再次提及或多次提及参与者标识手段表达式构成的具有同指性和提示性照应关系的指称链。参与者标识链是及物性过程在语篇推进中的必然产物。由于参与者标识链上的首次提及、再次提及或多次提及语法标识手段表达式所指称的是篇外同一个经验实体，这就赋予参与者标识链同指性的自然属性。对与之有着较大重合面的Halliday成分衔接纽带、Martin指称链以及Hoey语篇词汇模式进行比较和分析后，我们得出：参与者的同一性决定了参与者标识链的同指性，参与者标识链的同指性决定了参与者标识链的提示照应关系，同指性和提示性照关系是参与者标识链的鉴别性特征。

2. 参与者指称特征和标识手段的研究结论

（1）为了更明确地阐明参与者的内容和形式，我们厘清了四个概念：参与者指称特征，参与者指称特征标识层位，参与者标识手段，参与者标识手段表达式。（2）对Martin发展的英语参与者标识体系进行解析，从层层衍展的系统脉络中梳理出一套参与者指称特征标识层位。以此为基础并结合实例观察结果，最终形成一套参与者指称特征标识层位。参与者指称特征标识层位分为三类：第一类是首次提及参与者指称特征标识层位，第二类是相关性首次提及参与者指称特征标识层位，第三类是再次提及参与者指称特征标识层位。（3）形成了与参与者指称特征标识层位相对应的一套有首次提及、相关性首次提及、再次提及三部分组成的参与者标识手段系统。首次提及参与者标识手段有："类指"人称代词、"类指"名词词组、"全部"代词、"全部"名词词组、"部分/非限制"代词、"部分/限制"代词、第一人称代词、第三人称代词、"定冠词"专有名词、"无冠词"专有名词、"定冠词"名词词组、"无标记"名词词组、"有标记/部分/非限制"名词词组、"有标记/部分/非特定"名词词组、"有标记/部分/特定"名词词组、"有标记/部分/首要"名词词组。相关性首次提及参与者标识手段有："合/分或分/合"相关性名词词组、"名词所有格"相关性名词词组、"领属形容词"相关性名词词组、"省略"相关性名词词组、"替代"相关性名词词组、"选择"相关性名词词组、"比较"相关性名词词组、"成员"相关性名词词组。再次提及参与者标识手段有："定冠词"专有名词、"无冠词"专有名词、第一人称代词、第一人称反身代词、第三人称代词、第三人称反身代词、"近指"代词、"远指"代词、"指示词/简单重复"名词词组、"定冠/简单重复"名词词组、"指示词/同指换说"名词词组、"定冠词/同指换说"名词词组、"不定冠词/同指换说"名词词组、"无冠词/同指换说"名词词组、"非选择"名词词组、"非选择"名词词组、"非选择"名词词组、"非选择"名词词组。

3. 英汉参与者标识手段静态对比研究结论。

（1）97%以上的专有名词、代词、名词词组在英汉语际转换时没有发生语法手段类别上的改变。由于专有名词的预设信息存在于文化语境，上下文语境、语法手段的选择对于专有名词所指经验实体的确定基本上没有影响，因此，英语专有名词的汉语对应体均为专有名词，对应率为100%；英语名词词组的汉语对应体基本上也是名词，其对应率为99.8%；英语代词的汉语对应体大多也是代词，其对应率为95.8%。由此可以得出：首先，英汉参与者标识手段的类型重合度很高。其次，英汉参与者标识手段的不对应情形大体可以归纳为以下三大类："英有汉无"、"英有汉省"、"英此汉彼"。

（1）"英有汉无"不对应情形

我们将汉语名词词组分为三类：类冠词"一（些）"名词、类冠词

"这/那（些）"名词以及无冠词名词。我们从形式对应的角度出发将类冠词"一（些）"名词视为与英语不定冠词名词词组相对应的汉语对应体；将类冠词"这/那（些）"名词视为与英语定冠词名词词组相对应的汉语对应体；将无冠词名词视为与英语无冠词名词词组相对应的汉语对应体。我们得出的结论是：由于首次提及的缘故，英语不定冠词名词词组汉译为类冠词"一（些）"名词的比例很高，但首次提及的"定冠词"名词词组基本上汉译为无冠词名词。此外，"简单重复"名词词组和"同指换说"名词词组的汉语对应体往往不带有类冠词"这"。

（2）"英有汉省" 不对应情形

"英有汉省"不对应情形主要表现为英语参与者标识手段表达式汉译时全部或部分被省略。出现"英有汉省"不对应情形的参与者标识手段有："领属形容词"相关性名词词组，再次提及的第三人称代词，再次提及的第三人称反身代词。语料统计结果显示：约80%的涉及人体部位、亲属的英语领属形容词在汉译时被省略；英语"领属形容词"名词词组的汉语对应体做宾语时，领属形容词常被省略；作宾语的第三人称反身代词，其汉语对应体有时被省略；英语第三人称代词汉译时被省略的原因主要与英汉句法结构差异有关。

（3）"英此汉彼" 不对应情形

"英此汉彼"不对应情形主要表现为语法类别、形式上的转借。出现"英有汉无"不对应情形的参与者标识手段有："领属形容词"相关性名词词组和再次提及第三人称代词。语料统计结果显示：英汉语际转换时，与修饰成分、介词短语、或动词连用的"领属形容词"相关性名词词组会发生转借现象；充当从句主语的英语第三人称代词往往汉译为第三人称反身代词，以起强调作用；另起一段时（或相隔较久时），英语第三人称代词经常会汉译为已经提及的人名；英语第三人称代词往往连续汉译为已经提及的人名专有名词或名词。

4. 英汉参与者标识手段动态对比研究结论

首先是参与者标识链因循原则假设的提出。我们首先在Halliday & Hasan和张德禄、刘汝山的衔接原则基础上，提出了以下参与者标识链制约原则的假设；"再次提及代词原则"、"复用名词原则"、"焦点参与者原则"。其次是基于叙述语篇英汉/汉英翻译对等语料的参与者标识链因循原则假设的验证：

（1）"再次提及代词原则"假设的验证结论。通过语料统计结果分析我们发现："再次提及代词原则"对作为源语的英语参与者近距离（同句或紧邻句且相隔一个以下参与者）再次提及标识手段的选择具有明星的制约力，对作为译语的英语参与者再次提及标识手段的选择（汉语"隐性再次提及标识手段"计内）也显示出明显的制约力；与首次提及相隔较远（跨段或跨句且相隔两个以上的参与者）的话，一般使用定冠词名词词组作为英语再次提及标识手段；与首次提及相隔较近（同句或紧邻句且相隔一个以下参与者）的话，一般使用代词作为英语再次提及标识手段；"再次提及代词原则"对作为源语和作为译语的汉语参与者再次提及标识手段的选择均没有明显的制约力。然而，高达53%的汉语（译语）名词再次提及使用率和高达41%的汉语（源语）名词再次提及使用率表明，名词是落实汉语参与者再次提及的最常用手段之一。我们由此得出的结论是："再次提及代词原则"和"再次提及名词原则"是英语和汉语的共性制约原则。

（2）"复用名词原则"假设的验证结论。通过语料统计结果分析我们发现："复用名词原则"对汉语（源语）参与者标识链有一定的制约力，但仍弱于对英语（源语）参与者标识链的制约力。这同时意味着汉语还存在其他制约原则，致使汉语参与者标识链不能完全受约于"复用名词原则"；英语（译语）参与者标识链一定比例地因循了"复用名词原则"，但其50.2%的名词复用率远低于英语（源

语）70.3%的名词复用率；汉语（译语）参与者标识手段的名词复用率
（41.7%）与汉语（源语）参与者标识手段的名词复用率（57.5%）较
为接近，但英语（译语）参与者标识手段的名词复用率（50.2%）与英语
（源语）参与者标识手段的名词复用率（70.3%）相去甚远，我们认为，
汉英语际转换时，汉语思维模式及语法框架限制是造成"复用名词原
则"对源语英语参与者标识链的制约力大于译语英语参与者标识链的
制约力的主要原因。我们由此得出的结论是："名词指称原则"是汉语
的个性制约原则；"复用名词原则"是英语和汉语的共性制约原则。

（3）"焦点参与者原则"假设的验证结论。通过语料统计结果分
析我们发现：英汉叙述风格上的差异是造成汉语（源语）参与者标识
链"焦点参与者原则"制约比率高于英语（源语）的一个主要原因。较
低的英语（译语）焦点参与者标识链的"焦点参与者原则"制约比率
与"再次提及代词原则"和"复用名词原则"有关——遵循了"再次
提及代词原则"和"复用名词原则"的英语焦点参与者标识链几乎不
会同时遵循"焦点参与者原则"。翻译层面源语框架的制约使得汉语
（译语）或英语（译语）与其源语具有相同的"焦点参与者原则"制约
比率。我们由此得出的结论是： "焦点参与者原则"是英汉参与者标
识链的共性制约原则。

7.2 理论价值

1. 研究模式的构建

（1）建立了语篇视角下参与者的研究模式

我们对参与者的关注视角由及物性过程层面或句子层面转向了
动态发展的语篇层面。参与者动态发展主要表现为：随着语篇的发

展、及物性过程的推进，参与者必然被反复（再次或多次）提及，由此产生了由首次提及、再次提及或多次提及参与者标识手段表达式构成的参与者标识链。因此可以说，参与者标识手段表达式是参与者语篇动态发展的最外层表现形式。为了探索语篇视角下的参与者，我们建立了一个由若干具体目标（见方框中的内容）组成的研究模式（见图7.1）。这一语篇视角下的参与者研究模式，突破了以往的参与者研究框架，对及物性理论研究空间的拓展具有积极的意义。

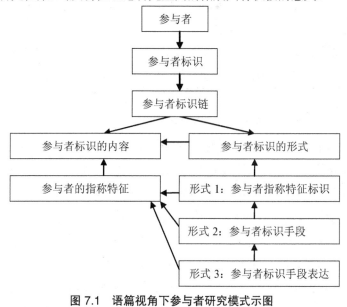

图 7.1　语篇视角下参与者研究模式示图

（2）建立了语篇视角下参与者标识手段的对比研究模式

我们对英汉参与者标识手段的对比研究采用了静态与动态相结合的对比研究模式（见图7.2）。这一模式不仅使我们从语法层面发现并探究英汉参与者标识手段的差异，也使我们能够从语篇层面英汉参与者标识手段因循规律的视角出发来发现并探究英汉参与者标识手段的差异。通过因循规律假设的双向验证来进行英汉参与者标识手段的动态对比研究,为语篇层面现象的对比研究提供了一个新思路和新方法。

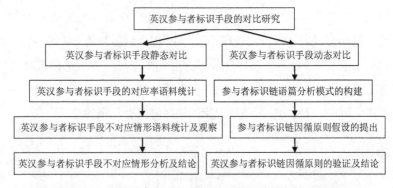

图 7.2　语篇视角下参与者标识手段对比研究模式示图

2. 对Martin参与者标识体系的补充和修正

我们在语料观察中发现,某些语篇层面的参与者标识现象未被Martin的参与者标识体系所覆盖。这使我们认识到,原有的参与者指称特征标识层位仍不能满足语篇动态发展中的参与者指称特征的标识要求。于是我们回到Martin的参与者标识体系去寻找理据。从首次提及和再次提及的视角对该标识体系进行考察后,我们发现了几处标识模糊的地方,我们认为:(1)再次提及的设指/唯指脉络,似乎并非全是用于标识再次提及参与者指称特征的标识层位,其中,由Undirected / Superset / Selective展开的一组参与者指称特征标识层位应该介于首次提及和再次提及之间,而非绝对意义上的再次提及;(2)比较脉络所提供的参与者指称特征标识层位也应该介于首次提及和再次提及之间。

我们对Martin的参与者标识体系进行了必要的补充并做了以下修正:

(1)将参与者指称特征标识层位由原来的两类(首次提及类和再

次提及类)扩至三类(首次提及类、相关性首次提及类、再次提及类)。
我们通过语料观察共归纳出八种"相关性首次提及参与者标识手段":

"合/分或合/分"相关性结构:Presuming / Relevance/Join-split

"名词所有格"相关性名词词组:Presuming / Relevance / Nominal / Possessive case / One's

"领属形容词"相关性名词词组:Presuming / Relevance / Nominal / Possessive case / Possessive adjective

"省略"相关性名词词组:Presuming / Relevance / Nominal / Co-classification / Ellipsis

"替代"相关性名词词组:Presuming / Relevance / Nominal / Co-classification / Substitution

"选择"相关性名词词组:Presuming / Relevance / Nominal / Co-classification / Selective

"比较"相关性名词词组:Presuming / Relevance / Nominal / Co-classification / Comparison

"成员"相关性名词词组:Presuming / Relevance / Nominal / Co-classification / Member

(2)为了增加参与者指称特征标识层位对语篇层面不同情形参与者标识的解释力,我们从语篇角度出发,尝试对Martin的参与者标识体系中的系统脉络进行了一定的补充和修正。我们所做的补充和修正主要遵循以下原则:1)从首次提及、相关性首次提及、再次提及的角度进行分类;2)视整个名词词组(而不是名词词组中的一部分)为参与者标识手段表达式;3)再次提及标识手段表达式与首次提及标识手段表达式必须具有同指关系和提示性照应关系。

以下是补充修正后的参与者标识系统脉络以及参与者指称特征

标识层位：

首次提及系统脉络：

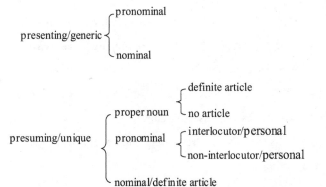

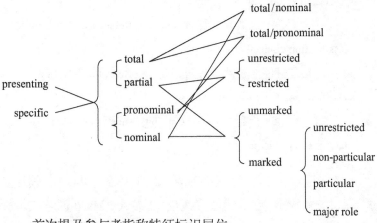

首次提及参与者指称特征标识层位：

presenting/generic/pronominal

presenting/generic/nominal

presenting/specific/total/pronominal

presenting/specific/total/nominal

presenting/specific/partial/pronominal/unrestricted

presenting/specific/partial/pronominal/restricted

presuming/unique/pronominal/interlocutor/personal

presuming/unique/pronominal/non-interlocutor/personal

presuming/unique/proper noun/definite article

presuming/unique/proper noun/no article

presuming/unique/nominal/definite article

presenting/specific/nominal/partial/unmarked

presenting/specific/nominal/marked/partial/unrestricted

presenting/specific/nominal/marked/partial/non-particular

presenting/specific/nominal/marked/partial/particular

presenting/specific/nominal/marked/partial/major role

再次提及参与者指称特征标识：

presuming/unique/proper noun/definite article

presuming/unique/proper noun/no article

presuming/unique/pronominal/interlocutor/personal

presuming/unique/pronominal/interlocutor/reflexive

presuming/unique/pronominal/non-interlocutor/personal

presuming/unique/pronominal/non-interlocutor/reflexive

presuming/unique/pronominal/directed/proximate

presuming/unique/pronominal/directed/distant

presuming/unique/nominal/simple lexical repetition/directed

presuming/unique/nominal/simple lexical repetition/definite article

presuming/unique/nominal/co-reference paraphrase/directed

presuming/unique/nominal/co-reference paraphrase/definite article presuming/unique/nominal/co-reference paraphrase/indefinite article

presuming/unique/nominal/co-reference paraphrase/no article

presuming/unique/nominal/non-selective/individuated

presuming/unique/nominal/non-selective/dual/inclusive

presuming/unique/nominal/non-selective/dual/alternative/positive

presuming/unique/nominal/non-selective/dual/alternative/negative

再次提及系统脉络：

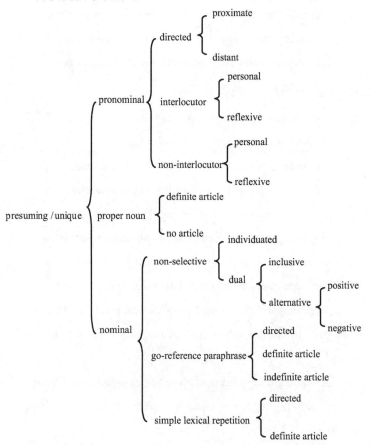

相关性首次提及系统脉络：

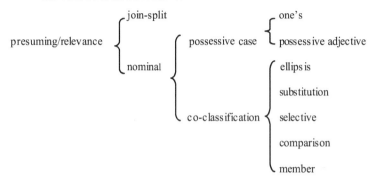

相关性首次提及参与者指称特征标识层位：

presuming/relevance/join-split

presuming/relevance/nominal/ possessive case/One's

presuming/relevance/nominal/possessive case/possessive adjective

presuming/relevance/nominal/co-classification/ellipsis

presuming/relevance/nominal/ co-classification /substitution

presuming/relevance/nominal/co-classification/selective

presuming/relevance/nominal/co-classification/comparison

presuming/relevance/nominal/co-classification/member

　　Martin的指称链既有提示性照应、又有相关性照应和冗余性照应，因此并不能揭示语篇中动态发展的参与者标识轨迹。我们提出的补充修正观点，剥离了Martin指称链上的相关性照应和冗余性照应，并以"相关性首次提及参与者标识链"和"相关性首次提及参与者标识手段表达式"解决了剥离后的问题，从而进一步确定了参与者标识链的鉴别性属性和特征——同指性和提示性照应，同时也增加了参与者标识体系在语篇层面的阐释力。

参考书目

Austin, J.L. How to Do Things with Words. London: Oxford Univarsity Press, 1962.

Beaugrande, R.DE. Text, Discourse and Process. London: Longman, 1980.

Beaugrande, R.DE.& W.Dressler. Introduction to Text Linguistics. London: Longman, 1981.

Bell, R.T.Translation and Translating: Theory and Practice. London: Longman, 1991.

Berry, M.Introduction to Systemic Linguistics.London: Batsford, 1975.

Bloor, T.& M.Bloor.The Functional Analysis of English: A Hallidayan Approach.Beijing: Foreign Language Teaching and Research Press, 2001.

Brown, G.& G.Yule.Discourse Analysis.Beijing: Foreign Language Teaching and Research Press, 2000.

Chesterman, A.Contrastive Functional Analysis.Amsterdam: John Benjamins Publishing Company, 1998.

Cook, Guy.Discourse.Oxford: Oxford University Press, 1989.

Crombie, W.Process and Relation in Discourse and Language Learning.Oxford: Oxford University Press, 1985.

Dik, S.C.Functional Grammar.Amsterdam: North-Holland, 1978.

Eggins, S.An introduction to systemic functional linguistics. London: Pinter Publishers, 1994.

Ellis, J.Towards a General Comparative Linguistics.The Hague: Mouton, 1966.

Fisiak, J. Some introductory notes concerning contrastive linguistics.in J.Fisiak ed. Contrastive Linguistics and the Language Teacher.Oxford: Pergamon Press, 1981.

Geach, P.T.Reference and Generality.Ithaca: Cornell University Press, 1962.

Genette, G.Narrative Discourse.Ithaca: Newyork Cornell University Press, 1983.

Givón, T.English Grammar: A Functional-based Introduction. Philadelphia: John Benjamins, 1993.

Gutwinski, W.Cohesion in Literary Texts.The Hague: Mouton, 1976.

Halliday, M.A.K.Explorations in the Function of Language. London: Arnold, 1973.

Halliday, M.A.K.& R.Hasan.Language, Context and Text.Victoria: Deskin University Press, 1989.

Halliday, M.A.K.Some lexicogrammatical features of the zero

population growth text// J.J.Webster ed.Linguistic Studies of Text and Discourse.Beijing: Peking University Press, 2007.

Halliday, M.A.K.& R.Hasan.Cohesion in English.Beijing: Foreign Language Teaching and Research Press, 2001.

Halliday, M.A.K.An Introduction to Functional Grammar.Beijing: Foreign Language Teaching and Research Press, 2005.

Halliday, M.A.K.& R.Hasan.Language, Context and Text.Victoria: Deskin University Press, 2005.

Halliday, M.A.K.Linguistic Studies of Text and Discourse.Beijing: Beijing University Press, 2007.

Hatim, B.& I.Mason.Discourse and the Translator.Shanghai: Shanghai Foreign Language Education Press, 2001.

Hoey, M.On the Surface of Discourse.London: George Allen & Unwin, 1983.

Hoey, M.Patterns of Lexis in Text.Shanghai: Shanghai Foreign Language Education Press, 2000.

James, C.Contrastive Analysis.Harlow Essex: Longman, 1980.

Krzeszowski, T.P.Contrastive generative grammar: Theoretical Foundations.Tübingen: Narr, 1979.

Krzeszowski, T.P.Contrastive analysis in a new dimension J.Fisiaked.Contrastive Linguistics and the Language Teacher.Oxford: Pergamon Press, 1981.

Lyons, C.Definiteness.Cambridge: Cambridge University Press, 1999.

Martin, J.R.& D.Rose.Working with Discourse: meaning beyond the clause.London/New York: Continuum, 2003.

Martin, J.R.English Text: System and Structure.Beijing: Beijing University Press, 2004.

McCarthy, M.& R.Carter.Language as Discourse: Perspectives for Language Teaching.Beijing: Beijing University Press, 2004.

Newmeyer, F.J.Language Form and Language Function. Cambridge, MA: The :MIT Press, 1988.

Numan, D.Discourse Analysis.London: Penguin Group, 1993.

Perkins, D, R.Deixis,Grammar,and Culture.Amsterdam: John Benjamins Publishing Company, 1992.

Philips, M.Aspects of Text Structure: An Investigation of the Lexieal Organization of Text.Amsterdam: North Holland, 1985.

Philips, M.The Lexical structure of Text.Birmingham: University of Birmingham, 1989.

Quirk, R..et al.A Grammar of Contemporary English.London: Longman, 1972.

Radford, A.Transformational Grammar: A First Course.Beijing: Foreign Language Teaching and Research Press, 2000.

Sajavaara, K.Contrastive linguistics past and present and a communicative approach.J.Fisiak ed.Contrastive Linguistics and the Language Teacher.Oxford: Pergamon Press, 1981.

Salkie, R.Text and Discourse Analysis.London: Routledge, 1995.

Thompson, G.Introducing Functional Grammar.London: Oxford University Press, 1999.

Van Hoek, K.Anaphora and Conceptual Structure.Chicago: University of Chicago Press, 1997.

Wales, K.Personal Pronouns in Present-day English.Cambridge:

Cambridge

University Press，1996.

Van Valin，R.D.& R.J.Lapolla.Syntax：Stucture，Meaning and Function.Beijing：Peking University Press，2004.

Zhou，Xiaokang.Material and relational transitivity in Mandarin Chinese.The University of Melbourne，1997.

陈定安.英汉比较与翻译. 北京：中国对外翻译出版公司，1998.

陈海庆.布局谋篇：英汉篇章互译技巧. 大连：大连理工大学出版社，2009.

程晓堂.关于及物性系统中关系过程的两点存疑.现代外语，2002（3）：311-117.

储泽祥，邓云华.指示代词的类型和共性.当代语言学，2003（4）：299-306.

樊长荣.汉英有定性制约机制研究.北京：国防工业出版社，2008.

桂诗春，宁春岩.语言学方法论.北京：外语教学与研究出版社，2005.

何善芬.英汉语言对比研究.上海：上海外语教育出版社，2009.

何英玉.指称理论中的照应问题.外语学刊.1999（2）：55-61.

胡壮麟等.系统功能语法概论.长沙：湖南教育出版社，1989.

胡壮麟.语言系统与功能.北京：北京大学出版社，1990.

胡壮麟.语篇的衔接与连贯.上海：上海外语教育出版社，1994.

胡曙中.英语语篇语言学研究.上海：上海外语教育出版社，2003.

黄国文.语篇分析概要.长沙：湖南教育出版社，1988.

黄艳春，黄振定.英汉语指称照应对比与翻译.外语教学，2006（1）:75-78.

金立鑫.对现代汉语主语的再认识.烟台大学学报，1991（3）：88-91.

李国庆.试论及物性系统结构和语篇体裁.外语教学, 2005 (6): 13-18.

李力.语篇类型的及物性制约.厦门大学, 2003.

李运兴.英汉语篇翻译.北京: 清华大学出版社, 2001.

连淑能.英汉语言对比研究.北京: 高等教育出版社, 1993.

林承璋.英语词汇学引论.武汉: 武汉大学出版社, 1997.

吕叔湘.近代汉语指示词.上海: 学林出版社, 1985.

刘晶.及物性视野下的英文社论语篇分析.佳木斯大学社会科学学报, 2009 (3): 152-154.

刘礼进.英汉人称代词回指和预指比较研究.外国语, 1997 (6), 40-44.

刘礼进.英汉篇章结构模式对比研究.现代外语, 1999 (4): 408-419.

刘宇红.指示语的多元认知研究.外语学刊, 2002 (4): 60-63.

马力.浅析参加者角色.西安外国语学院学报, 2006 (1): 19-23.

苗兴伟.语篇照应的动态分析.外语教学, 2001 (6): 17-20.

穆凤良.逻辑比较与英汉翻译.北京: 国防工业出版社, 2009.

潘文国.汉英语对比纲要.北京: 北京语言文化大学出版社, 1997.

彭宣维.英汉语篇综合对比.上海: 上海外语教育出版社, 2000.

邵志洪.英汉语研究与对比.上海: 华东理工大学出版社, 1997.

沈阳.领属范畴及领属性名词短语的句法作用.北京大学学报, 1995 (5): 85-92.

王德亮.汉语零形回指解析—基于向心理论的研究.现代外语, 2004 (4): 350-359.

王国栋.英语深层语法.北京: 上商务印书馆国际有限公司, 2005.

王红梅, 董桂荣.系统功能语法中物质过程与心理过程的关联.长沙大学学报, 2007 (6): 114-116.

吴洁敏.汉英语法手册.北京: 知识出版社, 1982.

熊建国.英汉名词短语最简方案研究.上海: 上海交通大学出版社, 2008.

熊学亮.英汉前指现象对比.上海: 复旦大学出版社, 1999.

徐通锵.对比和汉语语法研究的方法论.语言研究, 2001 (4): 1-7.

许保芳.英语叙述语篇人称指称对比分析.中国海洋大学, 2005.

许余龙.定量对比研究的问题.外国语, 2001 (4): 1-7.

许余龙.对比语言学概论.上海: 上海外语教育出版社, 2001.

许余龙.对比语言学.上海: 上海外语教育出版社, 2003.

许余龙.篇章回指的功能语用探索.上海: 上海外语教育出版社, 2004.

许余龙. 对比功能分析的研究方法及其应用.外语与外语教学, 2005 (11): 12-15.

许余龙. 对比功能分析与翻译.山东外语教学, 2006 (4): 3-8.

许余龙.再论语言对比基础的类型.外国语, 2007 (6): 21-27.

杨自俭.英汉语比较与翻译.上海: 上海外语教育出版社, 2000.

杨自俭.对比语言学的新发展.外语与外语教学, 2006 (4): 59-63.

尹邦彦.英语零照应的类型与主要特征.解放军外国语学院学报, 1999 (2): 15-18.

张伯江,方梅.汉语功能语法研究.南昌: 江西教育出版社, 1996.

张德禄.语篇衔接中的形式与意义.外国语, 2005 (5): 32-38.

张德禄,刘汝山.语篇连贯与衔接理论的发展及应用.上海: 上海外语教育出版社, 2003.

张金花.英汉叙述性语篇回指对比研究.西南交通大学, 2006.

张静. 汉语语法问题.北京: 中国社会科学出版社, 1987.

张维友.英语词汇学.北京:外语教学与研究出版社, 1999.

张轶前主编.通用英语——代词、替代词教程.北京：对外经济贸易大学出版社，2005.

张志公等.汉语知识.北京：人民教育出版社，1959.

赵宏，邵志洪.英汉第三人称代词语篇照应功能对比研究.外语教学与研究，2002（5）：174—179.

赵彦春.翻译学归结论.上海：上海外语教育出版社，2005.

周方珠.翻译多元论.北京：中国对外翻译出版公司，2004.

周晓康.现代汉语物质过程小句的及物性系统.当代语言学，1999（3）：36-50.

朱德熙.现代汉语语法研究.北京：商务印书馆，1980.

朱士昌.浅析英文小说中的及物性.解放军外语学院学，1995（2）：5-11.

朱永生等.英汉语篇衔接手段对比研究.上海：上海外语教育出版社，2001.

朱永生，严世清.系统功能语言学多维思考.上海：上海外语教育出版社，2005.

朱永生，严世清，苗兴伟.功能语言学导论.上海：上海外语教育出版社，2005.

左岩.汉英部分衔接手段的差异.外语教学与研究，1995（3）：37-42.

附　录

附录1　语料来源

1.《英汉名篇选译》（董俊峰、方克平、李海滨编译　2009）

Landing at Malta by Monfreid（pp.4-6）

《停靠马耳他》（亨利·德·蒙费瑞德）

The Scarlet Letter by Nathaniel Hawthorne（Excerpt）（pp.19-21）

《红字》（纳撒尼尔·霍桑）（节选）

Nostromo by Joseph Conrad（Excerpt）（pp.32-35）

《诺斯托罗莫》（约瑟夫·康拉德）（节选）

The Return of the Native by Thomas Hardy（Excerpt）（pp.36-39）

《还乡》（托马斯·哈代）（节选）

Middlemarch by George Eliot（Excerpt）（pp.40-43）

《米德尔马契》（乔治·艾略特）（节选）

Of Human Bondage by William Somerset Maugham（Excerpt）（pp.60-66）

《人性枷锁》（W.S.毛姆）（节选）

O'Sheen Is Best Man by Leroy Yerxa（pp.127-134）

《警察伴郎》（勒罗伊·耶克夏）

Murder at the Crosswords by Leonard Finley Hilts（pp.141-154）

《字谜中的谋杀案》（伦纳德·芬利·希尔茨）

It's in the Book by E.E.Halleran（pp.155-164）

《有书为证》（E.E.哈勒兰）

Just a Little Joke by Edie Hanes（pp.165-171）

《小小玩笑》（艾迪·哈恩斯）

《初恋》（周作人）（pp.236-239）

My First Love by Zhou Zuoren

2. 《名家精选读本（小说卷）》（朱振武 主编 2010）

The Secret of Happiness（pp.4-7）

《幸福的秘密》

The Island of Feelings（pp.8-9）

《情感的小岛》

Paris in the Springtime by Jennifer Read Hawthorne（pp.14-17）

《春日巴黎》（珍妮弗·里德·霍桑）

Angels and Demons by Dan Brown（Prologue）（pp.22-25）

《天使与魔鬼》（亨利·德·蒙费瑞德）（楔子）

Lessons in Baseball by Chick Moorman（pp.26-31）

《棒球的启示》（奇可·默尔曼）

Sounds of Home by Bob V.Moulder（pp.34-39）

《乡音》（鲍伯·默德）

I Don't Know Who I Am by Xu Xijun

《别情》（王奎山）（pp.74-80）

Another kiss by Wang Kuishan

《军嫂》（刘万里）（pp.88-95）

A Soldier's Wife by Liu Wanli

《红包袱》（刘凤珍）（pp.113-119）

Red Bundle by Liu Fengzhen

《一元钱的爱情故事》（吴万夫）

A Buck's Love Story by Wu Wanfu

《尊贵的夫人》（沈祖连）（pp.136-142）

The Noble Lady by Shen Zulian

《缘分》（陶然）（pp.159-162）

Relationship by Fate by Tao Ran

《表白或者证明》（邢庆杰）（pp.163-171）

Confessing or Attesting by Xing Qingjie

《风铃》（刘国芳）（pp.172-177）

Wind-Bell by Liu Guofang

《头上有个蝈蝈》（张开诚）（pp.178-184）

A Katydid on Her Head by Zhang Kaicheng

《仲夏的莲》（刘黎莹）（pp.205-211）

Midsummer Lotus by liu Liying

《另一种毒酒》（谢志强）（pp.224-230）

Also a Toxic Drink by Xie Zhiqiang

《分手却是永别》（颜纯钩）（pp.231-237）

Farewell Breakup by Yan Chungou

《美》（曹多勇）（pp.245-253）

May and Her Husband by Cao Duoyong

《好人》（桂千富）（pp.280-286）

Kindman by Gui Qianfu

《玫瑰与面包》（刘国芳）（pp.287-293）

Bread and Roses by Liu Guofang

《红围巾》（陈水林）（pp.297-302）

Red Scarf by Chen Yonglin

附录2　"首次提及、相关性首次提及、再次提及"统计表

首次提及

类指人称代词	类指名词词组	"全部"代词	"全部"名词词组	"非限制/部分"代词	"限制/部分"代词	第一人称代词	第三人称代词

定冠词专有名词	无冠词专有名词	定冠词名词词组	无标记名词词组	有标记部分非限名词词组	有标记部分非特名词词组	有标记部分特定名词词组	有标记部分首要名词词组

相关性首次提及

join/split	名词所有格	领属形容词	省略	替代	选择	比较	成员

续前表

再次提及

定冠词专有名词	无定冠词专有名词	第一人称代词	第一人称反身代词	第三人称代词	第三人称反身代词	近指代词	远指代词	指示词简单重复名词词组
定冠词简单重复名词词组	指示词同指换说名词词组	定冠词同指换说名词词组	不定冠词同指换说名词词组	无冠词同指换说名词词组	"非选择"名词词组 each	"非选择"名词词组 both	"非选择"名词词组 either	"非选择"名词词组 neither

附录3 "首次提及、相关性首次提及、再次提及"统计方法示例

（1）亨利·德·蒙费瑞德：《停靠马耳他》（*Landing at Malta*，Henry De Monfreid，pp.3-4）

首次、再次、多次提及（粗体部分为首次提及）							
类指人称代词	类指名词词组	"全部"代词	"全部"名词词组	"非限制/部分"代词	"限制/部分"代词	第一人称代词	第三人称代词
one 人						We我们me我我	
定冠词专有名词	无冠词专有名词	定冠词名词词组	无标记名词词组	有标记部分非限名词词组	有标记部分非特定名词词组	有标记部分特定名词词组	有标记部分首要名词词组

续前表

首次、再次、多次提及（粗体部分为首次提及）				
Malta 马耳他The whole place 这整个地方	the ship轮船 the ship轮船	a regular battle 大战	Some ssengers 有些乘客 They（ ）	Two rench sailors 两个法国水手 they他们 they他们
Maltese 马耳他语	the boatmen 船老板	a boat 一艘船 it这船		
Arab 阿拉伯语	The assengers 乘客 These nhappy creatures 不幸的旅客们	An old bearded missionary 一位蓄着山羊须的老传教士		
	the young priests 未涉世事的牧师	a tug 一只拖船 it（ ）		
	Thegood nuns 虔诚的修女们	churches 教堂 churches 教堂		
	the sea水里 the water 水里			

续前表

相关性首次、再次、多次提及（粗体部分为首次提及）							
join/ split	名词所有格	领属形容词	省略	替代	选择	比较	成员
		his arms 手臂		one 其中一位 him 之	the defeated boatman 失利方的船老大 Himself（ ）		
		his balance 中心					
		his luggage					
		their faces					
		their veils					
		their grasping boatman 漫天要价的船老大 the owner 船老大 he他					

续前表

再次提及语法手段归类								
定冠词专有名词	无定冠词专有名词	第一人称代词	第一人称反身代词	第三人称代词	第三人称反身代词	近指/远指代词		指示词简单重复名词词组
		me我 I我		They（ ） he他 him 之 it（ ） it这船 they 他们 they 他们	himself （ ）	This 这一切		
定冠词简单重复名词词组	指示词同指换说名词词组	定冠词同指换说名词词组	不定冠词同指换说名词词组	无冠词同指换说名词词组	"非选择"名词词组 each	"非选择"名词词组 both	"非选择"名词词组 either	"非选择"名词词组 neither
the ship 轮船	These unhappy creatures 不幸的旅客们	The whole place 这整个地方 the owner 船老大 the water 水里						

（3）约瑟夫·康拉德：《诺斯托罗莫》（节选）〔*Nostromo*（Excerpt）Joseph Conrad（pp.32–35）〕

首次、再次、多次提及（粗体部分为首次提及）							
类指 人称代词	类指 名词词组	"全部" 代词	"全部" 名词 词组	"非限制/部分"代词	"限制/部分"代词	第一 人称 代词	第三 人称 代词
定冠词 专有名词	无冠词 专有名词	定冠词名词词组	无标记名词词组	有标记部分非限名词词组	有标记部分非特名词词组	有标记部分特定名词词组	有标记部分首要名词词组
The Viola Household 维奥拉家	**Nostromo 诺斯托罗莫** He他 He他 He他 He他 He他 Nostromo 诺斯托罗莫 He他 He他 He他 He他 He他 He他 He他 Nostromo 诺斯托罗莫 He他 He他				**Some Profound Similarities Of nature 天性上有很 多相似之处**		

续前表

首次、再次、多次提及（粗体部分为首次提及）						
Giorgio乔治 **Himelf本人** **The Garibaldino 这位民族解放运动的拥护者** **He他**						
Linda 琳达 **True daughter of the austere republician 一个严厉的共和党人的忠实女儿** **The poor girl 可怜的女孩**						
Gian' Battista 吉安.巴提斯塔						

相关性首次、再次、多次提及（粗体部分为首次提及）							
join/ split	名词所有格	领属形容词	省略	替代	选择	比较	成员
	Teresa's voice 声音酷似特雷萨	**His coasting Voyages 沿海航行**				**The younger Of the two 妹妹 Giselle吉赛尔 Giselle吉赛尔**	
		His visits 他去					
		His hand 手					

续前表

		相关性首次、再次、多次提及（粗体部分为首次提及）					
		His girls 自己女儿					
		His preference 自己					
		His wife 他的妻子					
		His secret 他的秘密					
		Her candid gaze 她诚恳的凝视					
		Her quiet indolence ()静谧的性情					
		Her love for 她对…的爱					
		Her soul 她的灵魂					
		Her fair but warm beauty 吉赛尔的美是赏心悦目而充满温情的					
		His passion 他的					
		His fear 他对未来的恐惧					

续前表

再次提及语法手段归类							
定冠词专有名词	无定冠词专有名词	第一人称代词	第一人称反身代词	第三人称代词	第三人称反身代词	近指/远指代词	指示词简单重复名词词组
The Garibaldino 这位民族解放运动的拥护者	Nostromo 诺斯托罗莫 Nostromo 诺斯托罗莫 Giselle 吉赛尔 Giselle 吉赛尔			He他 He他 He他 He他 He他 He他 He他 He他 He他 He他 He他 He他 He他 Himelf 本人			

定冠词简单重复名词词组	指示词同指换说名词词组	定冠词同指换说名词词组	不定冠词同指换说名词词组	无冠词同指换说名词词组	"非选择"名词词组 each	"非选择"名词词组 both	"非选择"名词词组 either	"非选择"名词词组 neither
		The poor girl 可怜的女孩		True daughter of the austere republician 一个严厉的共和党人的忠实女儿				

图书在版编目（CIP）数据

语篇参与者的语言标识 / 张喜荣著.
—北京：中国传媒大学出版社，2013
ISBN 978-7-5657-0678-3

Ⅰ.①语… Ⅱ.①张… Ⅲ.①英语—教学法—研究—
高等学校 Ⅳ.①H319.3

中国版本图书馆 CIP 数据核字（2013）第 052565 号

语篇参与者的语言标识
LINGUISTIC MEANS OF PARTICIPANT IDENTIFICATION IN DISCOURSE
张喜荣 著

策划编辑	司马兰 姜颖昳	
责任编辑	司马兰 姜颖昳	
责任印制	曹 辉	
出 版 人	蔡 翔	

出版发行	中国传媒大学出版社	
社 址	北京市朝阳区定福庄东街 1 号	邮编：100024
电 话	86-10-65450532 或 65450528	传真：010-65779405
网 址	http://www.cucp.com.cn	
经 销	全国新华书店	
印 刷	北京京华虎彩印刷有限公司	
开 本	880mm×1230mm　　1/32	
印 张	8.5	
版 次	2014 年 1 月第 1 版　2014 年 1 月第 1 次印刷	

ISBN 978-7-5657-0678-3/H・0678　　　　定 价　48.00 元